JN057671

Re:CARE

ポストコロナ時代の
新たなケアのカタチ

高瀬比左子

佐々木淳

加藤忠相

日本医療企画

はじめに

　介護を必要とする人が増える一方で、介護サービスを提供する人材不足が慢性化しています。

　本来なら介護を利用する人や家族のニーズをとらえ、資源（人や仕組み、環境）を適正にマネジメントすべき管理者やリーダーさえも現場対応に追われている場合が少なくないでしょう。

　そのような状況下で管理者やリーダーが疲弊し、働き方改革や人材不足解消など根本の課題を意識することもままならず、棚上げされています。

　このままではいけない。

　もう一度、私たち介護職が「介護の未来をつくる」と言わずにはいられない。

　2016年の初夏に上梓した『介護を変える 未来をつくる 〜カフェを通して見つめるこれからの私たちの姿』でも、介護のあり方を見直す必要を述べましたが、その原稿を書いた約5年前と比べ、まだまだ変わる余地があると思い、再び筆をとることにしたのです。

　一層パワーアップした提言にするために、共感しあえる展望をもつ2人の仲間、佐々木淳さんと加藤忠相さんとともに、介護の未来へつなげる提言をすることにしました。

　ところが本の原稿が半ば完成した頃、新型コロナウイルス

（COVID-19）の感染拡大が起きました。介護現場はこれまで経験のない感染予防対策を実施しなければならなくなり、感染予防とQOLの維持の両方を求められ、自ずと介護のあり方を再検討する必要に迫られたのです。

　このようなピンチは、チャンスになり得ます。そこで出版予定をずらし、介護業界のコロナ対応を見ながら、ウィズコロナ・ポストコロナ時代の介護について思案し、加筆することにしました。

　数カ月が過ぎ、残念ながらコロナを恐れ、感染症予防の名のもとに必要以上の自粛を実施した弊害が目立ってきています。

　横並びの決断ではなく、正しい情報をもとに十分な検討をして活動の自粛を決断したか。

　利用者本位の感染症予防対策をしているか。精一杯、QOL低下を防ぐ対応をしているのか。

　コロナを「やるべきことをやらない口実」にしてはいないか。

　検証すると、コロナ以前から抱えていた介護の課題がコロナによってより浮き彫りになったことに気づかされます。今、変わらなければ私たちの存在意義さえ問われるかもしれない、そんな瀬戸際だと感じます。

　利用者やご家族など一般の人は、今は「感染症予防対策」と言われたら従わざるを得ないと思っていますが、おかしいことは「おかしい」と見ています。それがどんなリアクションになって返ってくるのか、まだわかりません。

　新型コロナウイルスによるパンデミックは世界をまたぎ、社

会にさまざまな変化をもたらし、新しい生活スタイルを生み出していて、時代の動向として中には消滅したり、大幅に縮小することになる業態やサービスもあるので、旧態以前の介護がそのまま通用するとは言えないでしょう。

　年々介護職の働き方や業界内のムード、介護業界に対する世間一般からの眼差しは少しずつ変わってきていましたが、コロナが加速度をつけるか、または…、というぎりぎりの状況に置かれていますし、それには私たち自身のこれからの身の振り方にかかっているのではないでしょうか。

　今、以前にも増して切実な思いで介護のあり方を見直す必要性を述べたいと思います。本書ではウィズコロナ・ポストコロナ時代の介護についての対談も行いまとめています。

　目に止まったどのページからでも読めるよう構成に工夫していますので、ぜひ少しずつ、気になる見出しの部分からでも読み進めていただきたいと思っています。

令和2年10月吉日
高瀬 比左子

第1章

ケアを再定義しよう！

高瀬 比左子

どうして「モヤモヤ」するのでしょうか？

●今日を良く生きよう

売り手市場の介護業界に就職した人のなかには、「介護の専門職」という意識が薄い場合もあるでしょう。数多ある業種のなかから介護を選択したわけですから、「対人援助」の仕事に何らかの思いはあったのだと思います。しかし、マニュアル通りにこなす仕事に疑問もなく、同世代の同僚のおかげでそこそこ楽しく働け、給与も比較的安定している、これといって不満も感じない、そんなサラリーマン然とした介護職が増えていることに、私は一抹の危惧を感じています。

若い時に介護のあるべき姿を追求しないまま、他者から必要とされたり、自己の存在価値に気づかせてもらうような経験ができないと、介護という仕事を続けていくのは難しいと思うからです。

介護の仕事について「5年目の憂うつ」もあります。私が以前一緒に働いていた現場のリーダーから、「本当は、3年目で管理者、5年目で起業したいと思っていたが、5年経ち、今は管理者になるのも自信がなくなってしまった」というショッキングな一言を聞き、業務に追われるなかで、当初描いていた夢を見失ってしまう現実があることを知りました。

介護と現実のギャップに傷ついたり、あきらめたり、尾を引くネガティブな感情を背負うケースも少なくありません。自信をなくし、悩んだ末、離職してしまう人が多いことからわかります。

仕事であれば介護に限らず妥協はつきもの、「理想」と「現実」に差があるのが当たり前、理不尽さに傷つくなんて甘い？――、一般的にはそんな声も聞こえてきそうですが、私は介護の仕事は他の仕事（業種）と一緒にできないと考えています。

　なぜなら、介護職は自身の働きの如何によって、他者のQOLに直接、関係してくるからです。妥協がもたらす負の姿勢は、高齢者の人生に負の影響として表れ、それに気づいた介護職自身も深く傷つけます。

　自分も、他者（高齢者）も「今日を良く生きよう」と願う、かけがえのない生命なのです。心根でそう信じていたら、妥協を簡単に容認することはできないでしょう。ですから、介護職は理想を追求していかないと真に楽しめない仕事と言えます。

　少し先を歩く者は、介護の未来をつくるはずの人があきらめる手前で救いあげる責任があると感じています。介護によって何が得られるか、その魅力を具体的に伝える使命が私たちにはあるのです。

●心の“モヤ”は自身で晴らそう

　未だ見えない未来を見るため、介護を覆う“モヤ”を晴らし、介護について再定義（RE: CARE）していきたいと思います。

　はじめの一歩は「自覚」です。私たち介護職が「今の介護はおかしい」と自覚しなければ、どう変わっていくべきかなんて考えられません。

　しかし、日々業務に追われて疲れ果て、自分の勤めている事業所（施設）以外に目を向けることもなく、先輩や同僚と対話する時間もない職場で働いていれば、介護を覆う“モヤ”にも、自分の心の“モヤモヤ”にも目を向けることができず、ただ手

を動かし働くしかないような気がします。

　地域はもとより、事業所の仕事以外（社会全般）のことに目を向ける余裕もなく、日々何も考えずに指示通りに業務にあたるのが「善」だと思い込もうとしました。他の先輩や同僚も「余計なことはしない、考えない」に徹しているようでした。

　しかし、私自身は、目標にしていたケアマネジャーの資格を取り、職場でリーダー的な存在になったとしても、その先に目指したいことがないままでは働き続けることはできないと思いました。誰もが活き活きと働くことができない職場を覆う "モヤ" と、私の心の "モヤモヤ" に気づいてしまったのです。

　そもそも高齢者のQOLや満足を高められる介護職をめざしてキャリアを積み、資格取得に挑戦してきたのに、そんな目標もルーティーンで一方的にお世話をする、これが介護なの？同様の思いや意欲をもっている後輩のやる気を封じ込めるのが仕事なの？

　否、これは介護じゃない。

　以前、訪問介護で担当した利用者から「あなたに来てほしい」と言ってもらえた、あの頃と同じ仕事なの？　介護の仕事にはやりがいがあると信じていた私は、ショックと葛藤が大きく、めまいがしました。

　しかし、私はあまり悶々と悩む性格ではないので、その後、さまざまな行動を起こしました。振り返るとその頃がターニングポイントであったことは間違いないでしょう。

●多様な見方や考え方をしよう

　余裕を失っていた時に、私は別の仕事に就くことも考えましたが、介護の魅力を信じる気持ちは消えなかったので、何とか

踏みとどまることができました。だから、介護を生涯の仕事と決めて、自分の未来をつくることと、介護の未来をつくることが、同列の課題になりました。

　そのことに気づくことができたのは、少し外に目を向け、職場外の医療職や介護職、他業種の人たちと交流をもった経験が大きかったと思います。

　同じような問題意識をもっている人、すでに未来志向で行動している人がたくさんいることを知った一方で、介護や医療などケアに携わるみんなの"モヤモヤ"は、私が考えていた以上に共通性があり、ある面では社会問題とつながっており、他業種でも同じ課題・問題に"モヤモヤ"する人たちがいることも知りました。

　簡単に言えば、みんなが根深い問題に"モヤモヤ"する当事者であるということです。解決するのは容易ではないけれど、みんなが朗らかに「良く生きよう」と思い、暮らせる社会にするためには、介護の枠を超えて共感し合える仲間とつながることが必要だと思いました。

　そして仲間との対話を重ねると、みんなの"モヤモヤ"や、その背景、そして"モヤモヤ"を晴らすヒントが少しずつ見えてきました。１人ではたどり着けない多様な見方や考え方ができるのは仲間のおかげです。

　みんなでハッピーになる方角へ向き、仲間が増えると、元気が出て、健やかな思考ができるようになるものです。

窮屈な思いをしていませんか？

●リスクには正面から向き合おう

　介護職の心の"モヤモヤ"の元凶には、いくつかの背景があります。

　今、介護職を縮み上がらせ、専門職としてチャレンジする手を縛るものの一つが「リスク」というロープでしょう。みんなリスクを負いたくない、これは当たり前なことですが、変なリスクヘッジが横行するため、"モヤモヤ"につながってしまいます。

　特に「歩きたい」「食べたい」という高齢者の人として自然な欲求でさえ、「転んで骨折したら」「喉に食べ物をつまらせてしまったら」という不安が先立って、応えることができません。もしかしたら"ささやかな希望"を叶える術があるかもしれないと気づいていても、組織の慣習やルールからはみ出すことは「余計なこと」。上司や同僚の思惑を慮っても、肝心の高齢者のQOLには考えが及ばない、もしくは考えたとしても「リスク回避のためには、やむを得ない」と目を瞑ってしまう。

　表向き「安全第一」の旗の下、あれもこれもダメと制すること、できることを奪い、代わりにしてあげることが介護なのでしょうか。

　そもそも身体能力が低下し、病気や障害のある高齢者の生活はリスクは大きいはず。当然、その支援をするケアの仕事にリスクはつきものでしょう。しかし経営者や管理者が単に「リスクを避けよ！」という姿勢だと、介護職もそれに習って、根こ

そぎリスクの種潰しにやっきになります。

　本来、「リスクの減少」のために専門性が活かされるべきで、そのために教育や適切な人員配置が必要になるわけですが、それをしないで「安全第一」や「リスク回避」が掲げられていることが多いのではないでしょうか。

　それこそ介護の危機的状況！　本当のリスクに正面から目を向けない介護職は存在意義を失い、やがて警備会社やAI、ロボットに代わられてしまうでしょう。

●利用者本位を貫こう

　とはいえ、みんなが恐れるリスクには「訴訟のリスク」も含まれ、これは確かに介護職にとって大きな恐怖でもあります。

　たとえ本人が「歩きたい」「食べたい」と希望していても、家族の考えや状況によっては、介護職が「犯罪者になってしまうかもしれない」という恐怖を前に、身動きがとれなくなっています。

　私は自分の経験から、介護職が一時的に心の“モヤモヤ”を募らせることは悪いことではないと思ってきました。“モヤモヤ”しながら耐えている間はバネを縮めているようなもので、ジャンプの前に必要なステップと考えてきたのです。しかし昨今は、「白黒はっきりさせ、モヤモヤNG」という風潮が強く、「訴訟のリスク」になるようなことは一切排除、組織の慣習やルールが絶対ゆえに「モヤモヤも無し」という、硬直したストイックな現場が増えています。

　いつの間にか「何かあったら訴える」が一般社会の常識になったのは、介護に限ったことではありません。医療はもとより、その他のサービス業も同じです。どの業界でも「何かあったら

訴えられる」リスクを念頭に仕事をするようになっているようです。セクハラ、パワハラの実態をSNS等で告発する"MeToo"と言われる取り組みも昨今注目をあびていますね。

　そんな世の中ですから、真っ当なリスクヘッジの方法や訴えられた場合の対処法は、溢れているはずです。他業種を参考に、学ぶ姿勢が必要だと思います。

　例えば美容の業界では、職能団体の各地の支部によるリスクヘッジの教育や個人に代わって訴訟対応をする仕組みがあるそうです。

　高齢者の「歩きたい」「食べたい」といった根源的な欲求に対して、訴訟のリスクだけを見て対処するのは、介護の専門職とは言えないでしょう。「歩きたい」「食べたい」をあきらめることは、普通の生活ができなくなることです。リスクを恐れて引導を渡すような介護を、自らも受けたいと思う介護職がいるでしょうか。

　希望する人の状態に応じて、何らかの支援ができないか、どうすれば家族の協力が得られ、状況を改善できるか、「外出させてあげたい」「食べさせてあげたい」という思い以上に専門性を発揮して、誰（資源）をどう巻き込んだら改善できるかを考え、行動するのが専門職です。

　もちろん場合によっては高齢者に「歩きたい」「食べたい」に代わることを提案し、QOLを改善する場面もあるかもしれません。いずれにせよ、高い専門性と相互の信頼が不可欠になります。

　つまり、どのような問題やリスクに対しても、介護の専門性を駆使し、高齢者本位を貫くことで対処するのが、本来、自分自身の身を守る術であると思うのです。

●仲間を増やそう

　みんなが訴訟のリスクを恐れるのは、1つでも事件になるとマスコミなどからも大バッシングを受け、負の連鎖で現場が破綻するためです。

　介護は、社会に必要とされている仕事にもかかわらず評価が低いため、何かあると攻撃を受け、まったく関係のない組織にも悪影響が及びます。

　一方で医療において、事故が起こりやすい産婦人科等での訴訟の増加により、医師や看護師が不足するような事態が起きたため、「結局、誰にとってもメリットのない負の連鎖が起きるのはいかがなものか」と市民が声を上げ、医師や看護師を支援した事例もあるようです。

　マスコミで働く人も含め、誰もがいつ医療や介護を必要とする身の上になるかはわかりません。いざ必要になった時に専門職がいない状態を誰も望まないでしょう。無責任なバッシングがなくならないとしても、賢明な報道があれば、市民の意識も次第に変わっていくでしょう。

　私たちも日常的に市民と対話し、介護職が本来なすべきこと、老いの姿、介護職を取り巻く訴訟のリスクといったリアルを伝え、市民の本意やニーズを聞き、平素から良好な関係を築いておくことも必要ではないでしょうか。

　まずは利用者の家族に、自分たちの思いや日頃の業務、リスクヘッジについての考え方、仕事におけるチャレンジなどについて知ってもらう機会をつくるなどもよいでしょう。

　専門職による介護の価値や必要性を理解する人を増やすことが、長い目で見た時に私たちのリスクに対する恐怖心を、私た

ち自身で手放すことができるのではないかと思います。そうした努力なしに、閉鎖的な事業所（施設）に言われるがままリスクに怯えているなんて、ただの惰性で働いている言い訳と言われても仕方ないかもしれません。

●毎日を最良の学びの場としよう

私は介護の魅力の1つは、「人として自身が育つこと」だと思っています。

多様な背景をもつ高齢者と向き合い、時には家族よりも身近にありのままの姿に触れることで、人として成長する機会に大いに恵まれます。

とはいえ、実のある介護を実践できるプロに育つには、広範囲の知識やケアの技術を学ぶ機会が必要です。就職してしばらくはOJTとして、所作の1つひとつに対して意味を問いかけ、考える機会を与え、先輩が疑問に答えるという導きがあって1人立ちさせることが望ましいでしょう。

しかし、介護の現場は勤めてわずか1～2週間で夜勤を任されるようなことが少なくありません。先にも述べた通り、「リスクが大きい高齢者の生活の場」で、深夜、誰も頼れないのはどれだけ心細いことでしょうか。こんな場面でのリスクヘッジはどうなっているのでしょうか？

またこのケアは何のためにしているのか？という点が抜け落ち、ただ手順を教えるだけのOJTになっている現状もあるかもしれません。大規模な施設と中小の事業所では経営状況は異なりますが、介護の専門性を高める教育体制を整備した事業所が少ないのは共通の問題点です。

情報収集も勉強のうちと考えますが、大手でも自社以外の情

報は入らず、中小では何もアンテナがなくて八方塞がり、一般社会と断絶しているような事業所が決して少なくありません。

　そして以前と比べ、ケアマネジャー等の資格を目標に、介護職自らが勉強するモチベーションも下がっています。その背景には、キャリアアップするメリットを感じにくい報酬体系の問題がありますが、さらにその先にも専門職としての広がりが見えにくい。こうした現状が人材不足や有望なスタッフの離職、介護のイメージの悪化を招く一因となっています。

　介護事業経営では、経営者が卒後教育の価値を理解し、介護の専門性を高め、連携すべき多職種と十分コミットできるような環境を整えることができるか、そして職員に教育の価値を伝え、学ぶモチベーションを維持させることができるかが、事業継続の成否を分けると言えるのではないでしょうか。

　一方、介護職も与えられるものをただ待っていては、結局、自分の人生の貴重な時間を無駄にしてしまうでしょう。

　「未来が見えないまま、そこそこ満足」

　現実から目を背けていては、長くは続きません。自分で、自分の見たい未来を見に行かなくてはならない時が必ず来ます。その時の支えとなるのは、日々のケアの実践のなかで積み上げてきた自信、柔軟な発想や行動を裏打ちする知識や精度の高い情報、そして本音で話せる仲間なのではないでしょうか。

　ぜひ組織や職場に限らず、学び、対話できる場を求めて欲しいと思います。人は年齢を重ねるほど、自分に対する教育の価値を見出しづらくなり、過去の経験に縛られ、わかった気になって人の言葉が聞けなくなります。

　若い頃に広く学ぶ訓練をして、その喜びを知っていれば、何歳になっても残念な大人にならずに済みます。

そして経営者や管理者、リーダーが、スタッフや地域（市民）に対して、介護は人として成長できる職業であり、人が育つ職場であることをアピールしていくことも大切でしょう。

今の仕事、どこか変だと思いませんか？

●覚悟を決めて、堂々としよう

　私たちの介護の仕事って一体何なのでしょうか。生活支援？
自立支援？　地域包括ケア？

　どれも一部分にすぎません。介護保険法には基本が明記して
あり、「要介護状態等の軽減または悪化の防止に資する」とあ
るけれど、その上で利用者の人生に新たな喜びや、生きがい、
希望を生み出すサポートができなかったら、介護とは言えない
と思います。

　大きな問題の解決を考えにくい人でも、介護職の観察力によ
ってQOLを変えるポイントを見出せた。たとえささやかな変
化でも、専門職による介護であったから以前とは違う生活にな
ってうれしい。家族の介護観も変わった。最期まで支え、よい
人生だったと思ってもらえた。

　「目の前の高齢者の尊厳を守る」という確固たる信念があり、
専門性を発揮できれば、それほど難しいことではないのです。
そうでなければ、この仕事をしている甲斐がありません。

　「私たち介護職の人生と社会を豊かにする！」

　そろそろ覚悟を決めて、堂々と宣言しなければいけない時が
近づいていると思います。

　しかし、「いやいやそんな状況ではない。現場はもっと疲弊し、
荒んでいる」。そんな声が聞こえてきそうです。

　高齢者も介護職には嫌われないように気遣いし、要望も控え
め。介護職はわりと強い立場に置かれ、気分で動いていても文

句も言われない。

「最低限の倫理観がもてない介護職は辞めてください」と言いたいところだけれど、人手不足だから言えない。ホテルではないのだから、ホスピタリティを求められても困る。そもそも、これ以上のサービス残業は無理……。

実際に現状をボヤく声、嘆く声をよく聞きます。

けれど、「お世話になっているから」と物言わぬ高齢者相手であることに乗じて、介護職側の都合で型にはまったサービスを押し付けるのは介護ではありません。私たち介護職が言い訳を許容していたら、自ら自身の存在意義を否定することになります。

●「おかしいこと」を自覚しよう

高齢者も少しずつ変化しているため、新しい価値の提供を求められるようになります。それが提供できない事業所（施設）は淘汰される可能性があります。

これまでは「子どもに迷惑をかけたくない」という気持ちで遠慮がちに介護サービスを受けていた高齢者も多かったのですが、これからは家族だけに依存せず、さまざまなサービスを利用して、最期まで「自分の人生を生きる」ことを志向する高齢者が増えていくでしょう。

2018年に亡くなった俳優・樹木希林さんの言葉にある「死ぬ時ぐらい好きにさせてよ」や、彼女の晩年の生き方が多くの人々の共感を得ました。日本人が言語化をためらう生老病死観を印象的な言葉で遺し、病み、死してなおオピニオンリーダーとなるとはすごい生き様です。特に中年以降の世代に与えた影響は大きかったでしょう。

これまでのような介護職側の都合で提供されるサービスは「タダでもいらない」と言われてしまう時代が、ほどなくくるのではないでしょうか。

　井のなかの蛙の介護職より市民の方が察しが良くて、行動も素早いはずです。頭を切り替えていない介護職は取り残されてしまうでしょう。

　何よりも、おかしいことはおかしいとまず「自覚」することが必要です。

●自身を変えよう

　介護現場の残念な風土として、内輪（働く者同士）で何かと「誰が責任を取るのですか？」と脅し文句で黙らせ合うということがあると思います。

　私も業務改善提案をしては、「そんなことをして何かあったら誰が責任を取るんですか？」と詰め寄られ、玉砕したことが数え切れないほどありました。

　とにかく変化を嫌い、恐れ、「誰が責任を取るのですか？」「あなたに責任が取れるのですか？」と事あるごとに口にする上司もいました。反射的に応える口癖がこれって、残念に思いませんか？

　万が一、事業において責任をとる必要が生じたら、組織や組織の長が背負うべきもので、一介護職を脅すなんて見当違いも甚だしいですね。

　今振り返ると、玉砕して、縮こまったかつての自分がいたのも事実です。もっとも、そこで開き直れるような人は介護職には少なく、良く言えば従順で控えめ、自分の言葉で話すことが苦手で、真面目だけれど、それが裏目に出てしまう場合が多い

のかもしれません。

　けれど、先にも述べた通り、もう介護に対するニーズは変わり始めているのだから、介護職の働き方も変わらないではいられません。「誰が責任を取るんですか？」などと言わない風土をつくり、事業を活性化する提案があれば、皆の知恵と力をあわせ推し進めることができる環境に変えていかなければ未来はありません。

　職場ごとに、ほかにも残念な"抑制フレーズ"があると思います。そんな言葉は、みんなで封印しませんか？

仕事を辞めたいと思いませんか？

●転職は前向きにしよう

　これまで"残念な介護現場"についても述べてきました。皆さんの職場はどうでしょうか？

　勤め先の経営者が時代錯誤で教育も疎か、どうにも古い体質が変わりそうもない場合、そして介護職自身が高齢者の役に立っている実感や存在意義を感じることができずにいるのなら、ずっとそこにとどまる必要はないと思います。経験年数を稼ぐ目的という割り切ったものならよいですが、ただ漫然と、納得のいかないケアを提供している事業所にいることは、長い目で見てプラスになるとは思えません。

　そのほかにも待遇や職場の人間関係など、仕事をしていれば何らかの問題があるでしょう。すべてが満足できる理想的な職場というのはまずないので、何を優先して選ぶかは自分自身の価値観が基になります。どんな基準であっても、それで働く意欲が上がるのであれば、自分にとってきっと前向きな転職になるでしょう。

　できれば職種は変えず、介護職を続けていただきたいのですが、若いうちなら違う業界を知るのも悪いことではないのかもしれません。ただ介護ほど打ち込んだだけ充実感のある仕事もなかなかないのではないかと思います。実際、一旦他業界に移ったにもかかわらず、介護の世界に戻ってくる人も多いのが、その証ではないでしょうか。

　転職は悪いことではありません。自分の人生設計が叶い、介

護という仕事の魅力を味わえ、モチベーションが保てる職場に出会えれば、それ以上の幸せはないですよね。

今の時代、SNS等を活用し、積極的に情報公開しているところが増えていますし、SNSで業界内外と分け隔てなくコネクトしている事業所は革新的なことが多いと感じています。実際、SNSで転職活動する人が増えてきていますね。

余談ですが、今時「SNS禁止」という職場は、私にはちょっと時代錯誤に感じます。SNSというツールをどう自社のPRに活かせるか、という点はこれからますます求められるのではないかと思います。

●自身が輝ける職場を見つけよう

私自身は、要介護状態がそれぞれ異なる高齢者が混ざって入居する施設で長く働いてきましたが、現在の特養のように入所者の大半が要介護4、5という施設では、それぞれの強みを生かす状況をどうつくっていけるでしょうか？

重度の高齢者ばかりが入居する環境には、コミュニケーションを活性化する機会をつくることがなかなか難しいでしょう。勿論、非言語コミュニケーションの習得や介護技術の向上などによりモチベーションを高め、「高齢者の尊厳」を見失わない努力をしている事業所（施設）もあります。しかし、一方では人を人として見ない、作業のような対応になりやすく、高齢者の尊厳が蔑ろにされている現場が多く存在するのも事実です。

厚生労働省が公表した2017年度「高齢者虐待の防止、高齢者の養護者に対する支援等に関する法律」に基づく対応状況等に関する調査結果で、養介護施設従事者等による虐待は「相談・通報件数」「虐待判断件数」ともに過去最多となっています。

虐待を受けた高齢者の要介護度は「要介護４」が29.9%と最も多く、次いで「要介護５」が26.6%。認知症日常生活自立度で見ると「Ⅲ」が29.5%と最も多く、次いで「Ⅳ」が15.2%となっています。

　虐待を行った人の職種は「介護職」が79.7%（ほか管理職：4.7%、看護職：4.6%、施設長：3.0%）、発生要因として報告されたのは「教育・知識・介護技術等に関する問題」が最多で60.1%、次いで「職員のストレスや感情コントロールの問題」が26.4%、「倫理観や理念の欠如」11.5%、「人員不足や人員配置の問題及び関連する多忙さ」7.5%、「虐待を助長する組織風土や職員間の関係の悪さ」7.3%、「虐待を行った職員の性格や資質の問題」5.6%（その他4.2%、回答のあった504件の事例から集計）でした。

　こうした問題が報道されると、原因として個人の資質が取り沙汰されることも多いのですが、実際は教育や人材のマネジメント、組織の倫理観や理念などの欠如も大きな要因になっています。

　つまり私たちは自分を守るためにも、経営者が教育の価値を理解し、管理者やリーダーが（現場対応に追われず）マネジメントに徹することができ、経営上の倫理観・理念が明確に打ち出され、周知徹底されている職場を求めることが大切だということです。

　すでに職を失い、さまざまな思いで介護に流入する人が出はじめています。中には失意でいっぱいで、生命をつなぐためにネガティブな選択をしたと思っている人もいるかもしれませんが、現場に出る以上はプロとして働く気概をもって、活躍していただかなくてはなりません。心が別の方向を向いている人が

チームにいると職場のムードが悪化し、現場は混乱して、ほかの介護職の苦労が増え、ネガティブの伝播が起きてしまいます。

　経営者並びに管理者、リーダーは、介護の理念や真の役割、魅力を伝え、徐々に「この仕事に就いてよかった」と実感してもらえるよう配慮しなければ、チームケアを守ることはできないと心しておかなければならないでしょう。

理想の介護はありますか？

●カスタマイズしよう

　介護の専門性を磨かなければ介護の仕事の醍醐味は味わえないと述べましたが、「これが専門性です」と言い切りにくいところが、皆が学びを深め、自信をもちにくくしている原因ではないでしょうか。

　介護の仕事には際立ったカリスマ性などいりません。目の前の利用者が「今日を良く生きよう」と願っていることを信じて、その人らしい生活のバランスがとれているか、活気があり、幸せを感じることができているか？　そしてバランスが崩れていたら、調整し、多少の不具合も全体を見て価値をとらえ直せること。刻々と変わる状態を見守り続けることが大事だと思います。

　専門的な知識や技術が背景に必要だけれど、それを目の前の人に応じて使い分けたり、アレンジしたりして現場で活かすのが専門性です。

　有名な事業所のカリスマ介護職と言われる人も、利用者次第であれこれ試行錯誤する毎日で、完璧な介護術なんてきっとないと言うでしょう。だからどんな好事例も鵜呑みにしてはいけません。地味に、地道に、工夫することが求められ、それがたった一人の小さな幸せや安心につなげることにすぎません。その意味の大きさを知っている人がプロなのです。

　埼玉県北足立郡伊奈町・蓮田市・桶川市などで事業を展開している和が家グループの代表、直井誠さんは認知症中重度向け

デイサービスを立ち上げて起業し、認知症ケアの実践を中心にしながら、介護予防事業（生活リハビリ）や地域ケア事業などを次々始めています。事業をデザインする時には、他所の好事例も参考に、和が家仕様の新サービスを生み出しています。

認知症ケアを地域に開き、地域や業界をよくしていこうとする熱意が心を動かし、多くの人を巻き込んでいます。

こうした人たちに共通するのは、思いは強くても大上段に構えず、身近なところをちゃんと見ていて、身の丈から外れないところです。

例えば「共生型」のサービスを始める時、ママさん職員に「子どもと一緒に出勤してもOK」と職員を支えることから始まります。特別なことを意図的にしようなどというのではなく、しなやかに新しい仕組みをつくることができるのは、介護職だからもっている観察力や気遣いが働いているからだと思います。

経営者だけではなく一介護職も、今ある資源を上手く活かす発想、諦めず試行錯誤をすることが「理想の介護」ではないでしょうか。自らが理想的と思う介護を見つけたら、何かエッセンスでも取り入れられないか工夫してみましょう。

●理念を共有し連携しよう

これからの介護経営は、基本的なケアの理念を共有できる医療機関との強い連携がなければ成り立たないでしょう。

介護職が「ずっと介護してきた高齢者が、肺炎で病院に入院したら、最期は残念なことになってしまった」と悔やむような連携を続けていてはいけません。介護の理念と、高齢者それぞれのQOLについて、介護の側から関係医療機関にもっと伝え、働きかける必要性を感じています。高齢者にとって一番身近で

生活を支えてくれる介護職だからできることをやらないのは怠慢です。

その点、医療法人が介護事業も含め複合的なサービスをそろえている場合などは、最初から理念が共有されているため、高齢者がどのような段階でも同じ理念の下でケアがなされる体制が整いやすいと思います。

医療法人の経営者が、介護の「利用者本位」を理解し、高齢者を支える医療に舵を切っていると、介護と医療が同じ方向を向いているので、残念な最晩年ということは少なくなります。

例えば群馬県沼田市の大誠会グループは、本体の内田病院のほかすべての関連施設でも身体拘束ゼロを続けています。理事長の田中志子さんが強い意志で実現した取り組みだと伺いました。地域医療・介護の担い手として地域住民に信頼されるプロとして、「安易に縛らない」という信念をグループすべての職員が共有し、日々のケアに取り組んでいるとのことです。

●他分野と協働しよう

地方へ講座や講演で伺うと、タクシーも来ない、バスも日に何本もなく、バス停まで車で行くほどの距離があり、必要な買い物もままならないという話をよく耳にします。移動手段がないから、高齢者は家に引きこもり、心も疲弊し、次第に足腰も弱くなるという負のサイクルが回ります。

このような高齢者の「足」の課題は以前から取り沙汰されていましたが、それにいち早く取り組み始めたのは、群馬県で13カ所のデイサービスや居宅支援事業所等を多角的に運営するエムダブルエス日高です。送迎車が38台稼働する大規模なデイサービス「太田デイトレセンター」は、利用者の居住地域

もバラバラで広範囲に送迎を行う必要があるため、独自の送迎配車システム「福祉Mover」をIT企業と共同開発しました。

　「福祉Mover」によって、効率的な送迎が実現でき、センターの利用者に向け、オンデマンド型（利用者の要求に応じてサービスを提供する方式）の乗り合い交通サービスの提供を実験的にスタート。施設から半径5km以内という範囲内であれば、アプリで行き先を登録すると、近いところを走るデイサービスの送迎車両が配車されるというシステムです。空いている車両も有効活用でき、行きたいところへ行ける高齢者も増える、古くからある乗り合い文化を最新のAI技術で復活させた好事例です。現在は、他の地域でも実証実験をするなど、取り組みは拡がり、今後、第3の交通サービスになる可能性も秘めています。

　私は、「福祉Mover」の取り組みのように、自分たちにはない強みをもつ他分野の企業や団体とつながり協働することが、今後、介護業界の課題を解決するために欠かせない視点ではないかと感じています。

●「歩く」「食べる」生活を支えよう

　介護職の「してあげたいけれど、できない」と思っていることの筆頭は、「歩きたい（外出したい）」「食べたい」という高齢者の願いに応えることでしょう。これらをあきらめることは普通の生活ができなくなることで、高齢者の生きる力を奪うことだ、わかっていても、リスクや組織の慣習、家族の意見などさまざまな理由から「あきらめてもらうしかない」と考えているのではないでしょうか。

　しかし本当にそうでしょうか。

できない理由を利用者側の事情としていますが、実際は、願いを叶えてあげたいと思っても、介護職側がそれを叶えるための知識もスキルも十分ではなく、実現するために必要な資源を見出せていないからではないでしょうか。

　何でも思いだけじゃ変えられません。かと言って、条件がすべてそろわなければできないというわけではありません。自身の知識とスキルを高めるために学び、専門家や多職種も含め周囲の人を巻き込んで、チャレンジしていくプランを立てましょう。

　医師で社会起業家の秋山和宏さんが主宰する一般社団法人チーム医療フォーラムは、メディカルウォーキングの普及と啓発活動を行っていて、「松戸プロジェクト」とも連動するウォーキングイベント「医歩の学校」プロジェクトを松戸市から全国へ広げようとしています。

　「医歩の学校」では「医療者と学んで、医療者と歩いて、医療者とつながる」ことができるとのことです。参加するのもよいのですが、仲間をつくって「医歩の学校」を地域に招致する活動を起こすなども一手でしょう。

　一方、看護師の小山珠美さんが主宰するNPO法人口から食べる幸せを守る会®（KTSM）が全国で開催している実技セミナーには多数の介護職が参加しています。まずは小山さんの著書から食べられない原因と食べられる可能性をアセスメントするKTバランスチャートについて勉強してみるのもいいでしょう。

　KTSMには家族会もあり、食べることを支えるための情報提供、家族（一般）向けセミナーなども開催されています。自分自身がすぐには食支援をすることができなくても、食べさせてあげたいと願うご家族に有益な情報を提供するというサポート

ならすぐにできるということです。

　秋山さんや小山さんは臨床でも多忙ななかで、志と学びを深めて活動を広げ、医療者や介護職を応援したり、育てたりしています。このような先輩に直に学んだり、志をともにする仲間とつながることでますますやる気がアップするでしょう。

　できることを探す人には道が拓けます。動き始める前は途方もないことのように感じるとしても、1歩ずつ歩みを進めることがなりたい自分になるということ。1歩でも動くときっと違った世界が見えてくるはずです。

●常識から飛び出そう

　これからは画一的でルーティーン化されたサービスだけを提供してはいられなくなります。

　もちろん介護には標準化・ルーティーン化・マニュアル化が必要な部分もあります。そうした仕組みづくりは、利用者の生活の平穏や安全、介護職の健やかな労働のために欠かせませんし、一介護職にもそのマネジメント感覚は必要です。

　ただし現場では介護職が高齢者の暮らしぶりをちゃんと見ていて、柔軟に対処することが前提です。そうでなければ、利用者のニーズからはかけ離れたマニュアルが高齢者と介護職を苦しめるだけでしょう。

　すでに「根拠のある介護」を実践する施設はありますが、まだまだ多くの施設では、1人ひとりに向き合ったケアは実現できていないのではないでしょうか。ツールを利用してみても、評価や再度の課題設定、再履行といったサイクル（PDCA Cycle／Plan-Do-Check-Act Cycle）を機能させられないのではないかと思います。

また、会議において「根拠」を掘り下げていくスキルが足りず、実のある議論が交わされないから、次の会議を開く意欲が出ない、何より必要な会議を実現するための工夫をしていないということもあるかもしれません。

　サイクルを回して結果につなげる議論にするためには、介護の領域から踏み出した知識も必要になります。

　例えば認知症の利用者の生活課題について議論を深めるなら、高次脳機能障害や発達障害に対する環境調整メソッドを学ぶなど、次の課題や根拠につながる自由な学びがないと行き詰まります。

　医学書でなくても、高次脳機能障害や発達障害に関する患者や患者家族発信の書物も大いに参考になるでしょう。

　医学や介護とはかけ離れた業種のトップセールスメソッド、アスリートのメンタルケアなどにもヒントがあるかもしれません。基本的に、自分が興味・関心のあることを広く、浅くてもよいので、学んで仕事に活かそうという意欲・姿勢がなければ、職場での会議に限らず実のある議論に参加できないのです。

　現状、ヒントになりそうなことを皆で学ぶことから始めるのもいいでしょう。私も「未来をつくるkaigoカフェ」では自分が学びたいことをテーマにゲストを招き、参加者と共に学び、対話力を高める活動をしてきました。約8年の活動のなか、「学び×対話」によって、さまざまな人の知恵に触れることができ、学んだことを現実に活かすことができたと思っています。

　勘のよい人は多様に学ぶ必要やその楽しさに気がつき、人生設計や仕事上でさまざまな挑戦を試みるきっかけになるでしょう。

介護の世界を変えてみませんか？

●企業内起業を広めよう

　私は、介護職がその専門性を活かしてもっと広い社会で活躍するとよいと考えているので、介護職が正社員・フルタイムにこだわらず、むしろいくつかの仕事を兼業するのが当たり前になればよいと思っています。

　欧米では、若い人がいくつかの企業や団体で働きながら起業し、シェアオフィスで知り合った人とさらに会社や団体を立ち上げる……などという働き方がトレンドになっているとも聞きます。海外でなくても、美容業界ではフリーランス美容師兼起業家という人が増えているとも聞きます。介護職も働き方が多様になるとよいのですが、今はまだ副業を禁止している企業が多いようです。

　それならせめて「企業内起業」的に、保険外ビジネスや現場改革の仕組みづくりに取り組める体制がもっと増えてほしい。体制が整えば、企業にとっては優秀な人材育成・確保のチャンスが増え、介護職にとっては"起業体験"が経験になり、働きがいアップにつながるでしょう。

　その手前で、ダメ元でも現場が良くなるように考えた業務改善の提案を、どの事業所でもどの施設でも当たり前に受け付けられるようになって欲しい。

　こうしたことも教育の1つです。介護職は利用者の生活コーディネーターとしてさまざまな資源を知り、マッチングして、提案する力がないと務まりません。提案力を磨く訓練が必要で

す。

　ある大手企業は介護職の提案を受けて、介護現場で活用できるICTやロボットの研究と検証を行う新部署を立ち上げ、提案者を起用して事業を推進していると聞いています。例えば「外出支援」や「指名制ヘルパー」のビジネスモデルを開発する事業など、企業の側がテーマを設け、介護職を対象に企画コンペをして事業化していくなどもよいですよね。

　今行っている保険外の活動をビジネス感覚でブラッシュアップし、自社の特色を出すことを考え、言語化・企画化する経験は介護職を大いに成長させるでしょう。

　「ケアマネに紹介された」「地域のなかで選択肢がない」といったネガティブな選択で、選ばれてきた時代は終わります。やる気のある職員の心が折れないうちに新しい、魅力的な取り組みを提案する力が経営者にも求められています。

●5つのセオリーを実践しよう

　企画力や提案力というのは場数を踏んで鍛えることができるものでもありますが、次のようなセオリーを守ると現実的になり、協力者を得やすいのではないかと思います。

●遠慮しない
　提案の段階で遠慮や躊躇、忖度は無用です。アイデアなのですから、固執することなく、目指す結果に向かって活発な対話があってしかるべきです。現状からのニーズを拾い上げ、提案を形にしていきましょう。
●一人で突っ走らない
　いつでも理解者、協力者を増やす努力が必要です。一人で理

想を語っていても限界があります。それには、自分はこんなことを実現させたいという夢を常に同僚や他職種にも伝えておくことが必要でしょう。

● 今までの当たり前に縛られない

介護職はこうあるべきという常識の枠組みにとらわれすぎないことが必要です。専門性の問題で、できないことがあるのは当然ですが、これからは介護保険内外問わず、柔軟にニーズに対応していく力が求められます。一生活者として地域住民としてできることは何か？という視点をいつも意識しましょう。

● リスクを恐れない

どんなことにもリスクはつきものです。あらかじめ考えられるリスクに対して備えるのは当然ですが、必要以上に恐れていては、身動きが取れません。細かいことには動じない姿勢や、厳しい状況のなかでも楽しさを見出す発想が求められるでしょう。

● 軸はぶれない

いつも、自分はどの視点から物事を見ているかを冷静に客観的な目線をもつことが必要です。現場にどっぷりつかっていると、介護を提供する側本位の発想でいることに気づかずに、何の疑問ももたないということがあります。どんな場面でも「利用者本位」という軸からぶれていないことが肝心です。

● 「より良く生きる！」と決めよう

私たち介護職が自ら介護について再定義（Re: CARE）し、それを広め、定着させるために、私たちは改めて「より良く生きる！」と決意しなければならないと思います。

「今のままでも生きていけるのに、もっと大変になるかもしれないのに、なんでそんなことをするの?」と心のなかの悪魔がささやいたら「より良く生きたいから!」と跳ね返しましょう。

　仕事も、人生設計も「より良く生きる」に照らして行う選択は個々で自由です。

　今よりいきいき、夢をもって働くために優先したいことは人によって違うし、同じ人でも時期によって変わることもあるはず。他者の人生をサポートする介護職は、常々自分の人生にしっかり向き合って、自分らしい「より良く」をめざし、年齢を重ねていきたいものではありませんか。

　それが土台としてあって、他者や社会はどうあれば「より良く」なるのか、介護職として何ができるか、深く考えて行動することができるでしょう。

　自分の人生に向き合っていなければ、「時間になった」とお茶を配ることに何の疑問も思わなくなってしまうし、逆もまたしかりで、何も考えず定時にお茶を配る毎日では、自分の人生に向き合うのが辛くなってしまうでしょう。

　本書の著者らは、どうあれば自分自身が、そして介護職、高齢者がより良く生きられるか、超高齢社会がより良くなるかを考えてケアの再定義(Re: CARE)をすることにしました。

　介護という仕事の、本来の魅力を理解する人、実践する人を増やしたいのです。介護職自身が介護の魅力を見失い、あきらめ、傷ついたり、漫然とすごしているのを放っておくことはできません。

　「より良く生きよう」と決心することが人生を変え、仕事や、社会を変えます。一緒に変わっていきましょう!

Re: CARE! ケアを再定義してみませんか?

●老いや人間の存在意義を学ぼう

　介護の仕事をしていると否応なく、「人が老いるとはどういうことか」「自立して生きるとは、支え合うとはどういうことか」を日々の仕事のなかで考えさせられるでしょう。

　このようなことは介護職でなければ、日常生活のなかであまり考え及ばないことかもしれません。多くの健康な大人はあまり将来を考えることもなく、「自分は自立している」「今のところ人の世話にはなっていない」「家族が支え」などと考えているのではないでしょうか。

　私も介護職でなければ、「未来をつくるkaigoカフェ」の仲間がいなければ、同じように考えていたと思います。

　しかし、それでは人間に対する理解が乏しいと言わざるをえません。誰もがいずれ老い、病み、死に至るのです。その過程ではじめて、身をもって学ぶ（学ばざるを得ない）というのでは、あまりにも残念な気がします。

　幸いなことに、私は介護現場で出会った多様な背景をもった高齢者たちから老いや人の存在意義について学び、仲間との対話から思考を深める機会をもちました。

　「人生100年時代」をのびのび生き、生き切るには、何歳になっても夢や希望を共有する仲間をつくることができる力と、固有の関係に依存しすぎないメンタリティと環境調整が大事だと思っています。

　誰でも、自立して生きていてもそれぞれに弱点はあり、支え

を必要する存在なのです。親子、パートナーなど狭い人間関係のなかで依存し合うのではなく、広い人間関係のなかで支えたり、支えられたりしながら、薄い依存を重ね合うのが無理がなく、心地いいのではないかと思うのです。

そしてハッピーな状態は「選択肢があり、選択の自由がある」ことでしょうか。もちろん選びたくないことは選ばない自由も含まれています。

介護の仕事によってこうしたことに気づかせてもらったというのに、介護が「利用者本位」から離れ、サポートする側の都合で画一的な生活を強いていることが多い現状を見すごせません。もう一度自分自身の生き方に向き合い、他者の「良く生きる」にも思いを馳せましょう。初心に返りRe: CAREを実践しましょう。

●自分を大事にしよう

私の考えるRe: CAREについて述べる前に、ちょっと寄り道します。先にも書いた「介護職は従順で控えめ、まじめだけれど、それがすぎて裏目に出てしまう場合が多い」問題にも通じる護身術について述べます。

「年配の人を敬って、チームケアの和を大切に」と一理はありますが、時と場合によって対応は変わるべきです。真に受けすぎると負担になることもよくあります。

正直に言えば、介護の仕事はいくらか鈍感でないと続けにくいと思っています。生活を支える作業のなかには、一人ひとりの高齢者に五感をとぎすませて支援することがしんどいこともあります。五感のうちのいくつかにはフタをして、黙々と手早く行うこともあってよいと思います。

また、同僚の愚痴は聞き流して、ひょうひょうと我が介護を貫くことも必要な時があります。ここでは露骨な表現は避けますが、なまけぐせのある同僚にいじられたら、少々図太く、強気で自己肯定して、同意できないことを態度で示しましょう。真面目すぎて真に受けがちの人は、時に鈍感力を駆使することが大切です。

　私は鈍感なおかげでこの仕事を続けられているという自負もあります。何を言われても気にしないから、かまう人は張り合いがないのだと思います。実際に、かつての職場に文句の多いパートさんがいました。年配のその人のほうが勤続年数も長いから強気です。けれど私が相手にせずにいたら、やがて私に対してあれこれ言うのはあきらめたようでした。

　「のれんに腕押し」作戦。以来、適当に鈍感なことは長くこの仕事を続けるコツのひとつだと思っています。

　一方、肝心な時は超敏感でないと、介護の喜びを存分に得にくいことも確かです。目の前の利用者と向かい合う時は五感をフルに使って、小さな変化にも敏感でいたいですね。

　また施設なら他の入居者との関係性、家族の意向など複合的に見ていないと、生活に寄り添った支援を円滑にできません。

　つまり鈍感と敏感、両方バランスよく発揮できることが大切です。現場で利用者と向かい合う時にパワーを集中して発揮し、普段はちょっと鈍感なぐらいがよいのかもしれないと思います。

●隠れた力、やる気や自信を引き出そう

　私たちが行っている介護の現状はどうか、本来介護ができることは何かを述べてきましたが、ではケアとは何なのか？　私

の思うところを述べると、それは「引き出すこと」に尽きます。

　介護を必要としている人の多くが、実際の力を発揮できていないまま、必要以上に介護を受ける状態に甘んじています。できることも奪われ、できなくなってしまう状態におかれることさえあるでしょう。

　しかし介護職が高齢者の能力を正確に捉え、何らかの理由で使われていない力、隠れている力を見つけることから自立支援が始まります。

　前項で"利用者と向かい合う時には超敏感に"と書きましたが、身近な介護職しか残存能力を正確に見極めることはできないと自負して、向き合いたい。

　そして、高齢者自身が自分の力を認め、信頼できるように導きます。

　自信を無くしている方に再びやる気を起こさせるのは容易ではありません。けれど介護職は相手の立場に立ち、あきらめの気持ちを慮りながら、信頼を伝えて待つことが求められます。

　私たちが信頼するから、ご本人や家族、周りの多職種の心が動くことがあるのです。

　本人から「やれるかもしれない」「やってみよう」という気持ちが引き出されるよう、コミュニケーションで支えることが自立支援であり、再び自信（自分自身の力に対する信頼）を取り戻すまでの一連のサポートが「ケア」と言えます。

　自信を失っている人に対して何でも代わりにしてあげて、ますます「もう自分ではできない」と自信を失わせるのは、真逆の行為ということですね。

　改めて私たちがすべきことは高齢者のやる気や自信を引き出すことだと再確認しなければいけません。

●何をおいても「対話力」をつけよう

　ケアとは「力を引き出し、やる気や自信を引き出すこと」だと定義すると、改めて前著でも強調した「対話力」の大切さを実感します。

　先に「介護の仕事にカリスマ性はいらない」と述べました。むしろ普通の生活感覚を失わず、それを仕事に投影できるかどうかが肝心で、その材料のひとつが対話です。

　どれほど観察力が優れている介護職も、それだけで相手をわかった気になってはいけないですね。観察によってキャッチしたことを日常のなかで交わす対話によって確かめます。

　同じようなことを言うにしても、その時、高齢者がどんな言葉を使うかで生活歴や体調・気分の変化を察することもあります。対話のなかの言葉や、ふとした表情、動作の1つひとつが、相手に対する理解を深める材料です。

　また、思い描くケアを実現するために上司や同僚、多職種の協力を得る、ご家族の信頼を得るなど、あらゆる場面で対話力が経過や結果を左右するでしょう。

　しかし、対話の経験が乏しく、苦手意識をもっている介護職は多いのかもしれません。

　とはいえ対話とは互いを尊重し、分かち合うことが目的のやりとりです。思いがけない意見や異なる考えは参考にすればよく、お互い考えを押し付けたり、押し付けられたりするものではありません。私は、介護職特有の物腰の柔らかさはコミュニケーションにおける強みであり、意識的に対話の場に身を置き、対話に慣れさえすれば、苦手意識は克服できると考えています。

　今は連携している多職種とも対等に話せない、家族とのコミ

ュニケーションも苦手と思っている人も、対話力がつけば変わります。

　介護職はよく人を観察していますし、エビデンスだけにしばられないので、そのような人の言葉がケアの本質をつき、チームケアをよい方向へ導くことが往々にしてあるのです。ぜひ、チームケアの潤滑油として必要な対話ができる人になりましょう。

　若い人も伝え方を工夫し、臆せず意見を述べ、人の話をしっかり聞くことができる機会を求め、対話力を身につけましょう。繰り返しになりますが、職場になければ、自分で仲間をつくるか、外に目を向けましょう。

　私自身も「未来をつくるkaigoカフェ」で対話力や対話を導く力を磨かせてもらい、それを共有したいという思いが、15都市で開催した「kaigoカフェファシリテーター講座」につながっています。今後は全国の仲間とオンラインでつながり、対話力や対話を導く力をますます磨いていきたいと思っています。

心を資本に生きませんか？

●残念なリアルに挑もう

Re: CAREが引き出す力を、高齢者や家族も含め一般市民にも大いに提供していきたいと思います。

なぜなら介護職ほど、さまざまな「老い」と「生きざま・死にざま」を身近で見せてもらう職業はありません。どのような介護をすると自身の人生経験に反映できるか、またどのような老い支度や心構えがあると晩年がハッピーになれるかなど、希望のあるメッセージを伝えることができるのが私たちの強みだと考えるからです。

私たちは残念な老いの姿をよく知っています。

晩年に意思の尊重どころか問われさえしないご本人のことも、家族に迷惑をかけたくない一心で望まない介護を受けていることも、ACP（アドバンスド・ケア・プランニング）をひっくり返す非同居家族のことも知っていますね。

そして経営者の判断でいくらか異なるものの、基本的に制度の枠のなかで働く専門職は、プライベートには関わることができないことや、保険外サービス・自助・共助が大切なこともよくわかっています。

ただ、これは1つの強みでもあるのです。逆転の発想をすれば、どうあれば残念ではないかを語ることができるのですから。

ところが介護職でさえも、老いることにネガティブなイメージをもっている人が多いのではないでしょうか。お金があろうとなかろうと、幸せな老後、自分の思う通り人生をまっとうす

ることができる高齢者なんて一握りだなどと、考えていませんか。

　老い、病み、死ぬことは誰にとっても避けることはできません。個人的にも親の介護や自身の老いをいずれ体験するのです。「歳をとることは過酷だ」などとうそぶいているだけでは済まないし、それでは生きづらいでしょう。

　私たちは「さすが、介護職だから歳のとり方がうまいね」と言われるように生き、なおかつ、皆が歳をとること、老いを生きることにポジティブなイメージがもてるよう現状と課題、対処法を語り合い、発信していく必要があると思います。

　一般市民の多くは、そういったことを考えたり、語り合ったりする機会をもたないまま歳をとり、介護に直面するか、漫然と不安を募らせています。

　私たち介護職が市民を巻き込んで議論を深めていきたいものです。市民とともに、社会を変えていく気概をもってみんなのハッピーな未来を引き出しましょう。

●価値の転換を促そう

　介護職が年齢を重ね、老いることにネガティブなイメージをもちながらぼんやりしているとしたら、それは自分の人生に向き合っていないこと、自分が専門職として十分な仕事をしていないことを露呈するようなものだと思いませんか？

　前項に「私たちは残念な老いの姿をよく知っている」と書きましたが、同時に幸福な晩年についてもよく知っているのが本来の介護職でしょう。

　家族以上に身近で、生活のなかのささやかな幸せをともに味わい、飾らないありのままの姿を見せてもらう経験をしますか

ら、全体を見てその人独自のQOLを捉え直すことができるのです。

　そして幸、不幸を左右する資本がお金でも物でもなく、必ずしも家族でも、身体能力などでもないことを学びます。一般的に「寝たきり」「孤独死」などネガティブに扱われていることも、不幸だと決めつけるのは人間理解の不足や問題の本質の見誤りだと感じてしかるべきでしょう。「寝たきり」が老後の残念な姿というイメージが定着したのは、1990年代に日本が高齢社会となり、国も「寝たきり老人ゼロ作戦」を提唱し、今で言う健康寿命延伸を呼びかけた結果だと思います。

　今では「寝たきり＝残念な状態」という思考は短絡的すぎたと反省されていますが、未だ自立支援のための評価でADLを重視するのは「寝たきり悪」と見た時代の負の遺産なのかもしれません。自立支援に対する誤解にも通じていると思います。

　QOLを評価していこうという試みがあるものの、個人のQOLを評価・判断するのは難しく、現実には置き去りになっていることが多いでしょう。とくに高齢の要介護者の場合には意思の確認が困難だったり、家族（キーパーソン）が代弁者とは限らないといったこともあり、QOLの評価はたやすいことではないと棚上げされがちです。

　とはいえ人間が生きる価値は金品や人間関係、身体能力などに左右されないとするなら、ケアに携わる者たちが智慧を出し合いQOLを定義し、介護におけるQOLの尺度を研究しなければならないでしょう。

　一般市民に一度定着してしまった「寝たきり悪」のイメージを変えるのも容易ではないのですが、介護職がQOLを研究し、介護に反映することで、イメージを壊していけると信じたい。

現実には寝たきりの状態にあっても、自分の人生を悠々と生きている高齢者がたくさんおり、当事者発信も増えているので、価値の転換は加速してきたと思います。私たち介護職も、自分が介護の仕事によって学んだ幸福の真価を市民に伝え、価値の転換を促す役割を担いましょう。

　「孤独死」も同様に、短絡的にかわいそうで不幸な状態などと捉えるものではなく、本来は、その人が死に至るまでどのように生きたかを問うべき話です。人生を閉じる瞬間が一人であっても、大勢に囲まれていても、旅立ちは一人で誰かを道連れにすることはできません。あるがままを受け入れることも、大切なことなのです。

●個人の尊厳を伝え、語ろう

　話が前後しますが、一般市民に対して私たち介護職が伝えるべきもっとも大切なことは「個人の尊厳」だと思っています。

　教科書的に伝えても興味はもってもらえないでしょうし、観念的だと思われてしまうので、大いに工夫が必要ですが、そこが専門職の腕の見せどころでしょう。

　私たちは介護を必要としている高齢者の生活に伴走するなかで、すべての人の存在に意味があり、役割があると信じられるようになったと思います。そのような体験や学びを一般市民にも提供できたら良いですね。

　というのも元気な高齢者には、認知症や障害のある人への偏見が強い人も多く、軽度の認知症の人が重度の人を虐げ、傷つけるのを何度も見てきたことがあります。心ない言葉を聞くのは本当にいやな気持ちで、悔しいですし、「明日は我が身」「お互いさま」といった心がない様子に、介護職も傷つきますね。

過日、認知症長谷川式スケールをつくった長谷川和夫さんが、ご自身が認知症になったことを公表されました。長谷川さんはこれまでご自身が認知症の方の相談に乗る際、安易に「デイサービスにでも通ってみたら」とご家族に提案していたそうですが、いざ自分が通う立場になり、行ってみたら居心地が悪くつらかったことを話されていました。個人の尊厳、当事者としての思いは、その立場になってみないとわからない。尊厳を守り、当事者の立場に立つことの難しさ、そしてその大切さを実感させられるエピソードです。

　介護職が認知症や中途障害について「誰でもなる可能性がある」と伝え、想像力を補う必要性を説き、どのような状態にある人も等しく尊厳が守られる社会こそが、暮らしやすい社会であることを教育する必要も感じています。

　とくに子どもたちに尊厳の大切さを伝える教育が必要です。子どもから大人まで、生涯を通じて教育が必要な、大切なテーマだと思います。

　介護の仕事に対して何も先入観がないうちに、介護とは「尊厳を守り、支えるステキな仕事」という第一印象をもってもらえたらうれしいですね。

　私は2014年から小学生に向け、総合学習の授業の一環で「出張kaigoカフェ」を開催しています。

　授業後、純粋な子どもたちはすぐ行動変容を起こしますから、先生たちにも介護を通じて、いのちの尊さやケアの精神について伝える意味を感じていただけているようです。私自身にとっては教える以上に、子どもたちのケアに対する感性の鋭さを学ばせてもらう、楽しいワークです。こういった取り組みは介護職の社会貢献としても全国に拡がるとよいと思っていますし、

拡げていくチャンスを見出したいと思っています。

●みんなで「心」を養っていこう

「寝たきり」の反対にPPK（ピンピンコロリ）が望まれたのは、それがとてもわかりやすいイメージだからで、そもそも「体が資本」という思考が刷り込まれている人が多かったためではないでしょうか。

私も健康に気をつけようと思い、つい「体が資本」と言ってしまうこともあります。体が資本と考え、自発的な健康づくりをすることはもちろん悪いことではないですが、そろそろこの刷り込みを修正しないと、最期まで皆がハッピーで暮らせる社会は実現できないのではないかとも思います。

「心こそ資本」。そう言える介護職でありたいのです。ご家族など一般の人と違って、介護のプロフェッショナルだからそう言えるし、その生き方がケアの礎になっていて、一般の人の模範になることを望んでいます。

そのようにして「心が資本」が広まれば、たとえ体が不自由になっても、社会とつながり、最期まで希望をもち、人生を楽しめる人が増えていくのではないでしょうか？

理想的すぎると思いますか？　確かに、新しい価値観を介護に反映し、広めるのは容易ではありませんし、1人の介護職の心のあり方だけでどうにかなる問題ではありません。

自立支援は「やり方」以前に「やる気」の支援です。喪失体験を重ね、あきらめている高齢者の自信を引き出すケアは、チームでの仕事になります。チーム全員が言葉に出さなくても、その高齢者の心は枯れてなどいないと信じ、行動しなければ変化は起きません。つまりチーム全員の心を健全な状態に保つこ

とがよりよいケアを追求する上で、何よりも求められます。

　それだけ大事なことなので、介護職の健全な心の維持を個々の自主性だけにまかせ、自己責任にはしてはいけないと思います。

　業務に関するミーティングとは別に、心を養うための対話や教育の機会が必要です。最初は実務に（具体的・効率的に）どのように反映させるのか、ルールをつくることも必要かもしれません。みんなで高め合い、実務に活かされなければ「ただの理想論」で終わってしまうのですから。

　心を養う機会をつくることについて難しく考えることはありません。良書を共有し、意見交換をするのもよいですし、社会的に大きな反響があったニュースをテーマに語り合う時間をもつのもよいでしょう。利用者をお看取りした後にケアの振り返りをするカンファレンスを実施し、現在の思いを未来にどう活かすのか、チームで語り合うことも有意義な時間になるはずです。ただ実務の良否を振り返るのではなく、介護の理念やそれぞれの人生観と照らし合わせた振り返りや利用者からの学びについての振り返りをしましょう。それはスタッフのグリーフケアも兼ねることになります。

　心を耕し、養うには、自分とは違う視点や感じ方、思いをもつ多様な人たちとのコミュニケーションが欠かせないので、短時間でも管理者やリーダーが意識的に場を設ける必要があります。仲のよいスタッフ間だけの会話では得られないものを得る機会を創造しましょう。そして介護に関わるチーム全員が健やかな心で正直に行動する風土を育てていきましょう。

　さらに、そのような"心の底上げ"過程や成果を業界内外に発信して、「心を養い、資本にする」機運を高めてください。

社会に目を向けると、生命の真髄として"心"にフォーカスしたムーブメントは静かに始まっていると思います。テクノロジーだけでなく組織運営やマーケティングなどの分野にも浸透してきています。

　今こそ、介護職がケアをする上での心のあり方や人生100年時代の介護との向き合い方を発信していく時ではないでしょうか？

Re: CARE セッション 1

リスクはコロナだけではない！

高瀬 比左子×佐々木 淳

◆ゼロではないリスク

高瀬　全国的に「緊急事態宣言」が解除されてから、世間ではどんどん解除の流れが進んで、日常が戻ってきています。一方で、医療・介護の専門職は、現場にウイルスを持ち込むリスクをどこまで回避できるのかということや、その緊張感をどれだけ保つことができるのかが、現在、そして今後の課題になっています。

　今、求められているのは、新型コロナウイルスを正しく恐れていくことだと思いますが、具体的にどうすればよいのでしょうか。

佐々木　まず前提として理解しておかなければならないのは、基本的に100%感染から身を守ることはできないということです。なぜなら、私たちは人と接触しなければ生きていけないからです。関わるすべての人に対して「この人、感染してるかも？」と考えていたら、生活していくことはできません。だから、「たぶんこの人は大丈夫なんだろう」と思いながら、ある程度の防御をしながら日常生活を送っていくしかないのです。

　ところが私たち医療・介護の専門職は、高齢者や病気のある人と関わる立場にあります。その人たちには基礎疾患があって、病気をもつ高齢者だから感染した場合、重症化の可能性が高くなります。だから、その人たちに感染させないために私たちが感染から身を守ることが重要になります。

　三密を避けるとか、人混みに行く時はマスクをするとか、できるだけソーシャル・ディスタンスを保つとか、そうした基本的なことは徹底しなければなりません。しかし、それで

100%感染が防げるかというと、やはり完全に防ぐことはできません。

　つまり、専門職の一人ひとりは、感染リスクがゼロではないんだということを前提としつつ、リスクをできるだけ下げる努力をしなければならないということです。

高瀬　そもそも介護の世界では、リスクをゼロにすることを重視しすぎる傾向があります。利用者本位というより、提供者側のリスク回避が優先事項になってしまうのは、よくあることですが、今回の新型コロナではさらにその傾向が強まったように思います。恐れなくてもよいところも、過剰に恐れるようになっています。

佐々木　私たちは新型コロナウイルスがいるという前提で、一定のリスクのなかで生活を楽しみ、社会に参加しなくてはならないのです。結局のところ、リスク、リスクと言いますが、このリスクは高齢者のリスクではないのです。事業者側の経営上のリスクなのですよ。感染が起こったら、事業者として具合が悪いことになるから感染を起こしたくないのです。事業所を閉じた結果、自宅にこもる高齢者の具合が悪くなれば、そのリスクは高齢者が自身で負わなければならなくなります。

　私たちは対人援助職として人を幸せにするために仕事しているのに、自分たちの事業体を守るために高齢者を切り捨ててしまっているのです。家族が「面会に来たい」、入居者も「会いたい」と言ってるのに、「会っちゃ駄目だ」と、これはおかしいですよね。マスクをしてもらって、定められた場所で換気をよくして、一定の時間であれば一緒にいてもらっても大丈夫なのです。そうすれば感染することなく面会はできる

のです。

◆正しく恐れるための学び

高瀬　一方で事業者としては、厚生労働省の許可がないと動けないといった感じもありました。面会についても、厚生労働省が「もういいですよ」って言ってからやりますとか、自分たちで判断するという感じではありませんでした。

佐々木　そうだと思います。しかし、それは自分たちで判断ができないからです。なぜできないかというと、勉強してないからですよ。教材は、厚生労働省のHPにいっぱい載ってます。「こうしなさい」というガイドラインのほかに、新型コロナウイルスはこういうウイルスだという詳細な情報も載っています。それらをちゃんと学ぶべきだと思います。

　たぶんそれをやらないで、「誰か教えてください」「お宅はどうしてる？」とお互いが顔色を見ながら、「あそこが自粛してるから、ウチも自粛って」なってしまうのです。でも、これは専門職としては、寂しい限りですよね。私たちは患者さんや家族の生活をサポートしなければいけないのです。感染から身を守るにはどうすればよいのかということをちゃんとお伝えできなければいけないのです。「それはちょっとわかんないんで、あぶないんで、一応やめときます」と、これは専門職の態度ではなくて、素人の態度でしかありません。

高瀬　結局、自分達で情報を調べたり、勉強していないから、他所の様子をうかがいながらとか、上層部の判断を待つことしかできないということなんでしょうね。確かに事業所の規模に関係なく、中小規模でもそれぞれ学びの場をつくっていかなければいけないですよね。残念ながら、「自分たちが本

当に、今どのくらいのレベルなのか？」と考えると、みんなかなり厳しいレベルにあるのだと思います。

佐々木　そうですよね。新型コロナウイルスの全体像を理解していないから、「この闇はどこまで広がっているんだ」という恐怖心が生まれるがのだと思います。しかし一度、新型コロナという島の地図を見てしまえば、「ああ、こんなものか」という風にわかると思うので、「まずはみんなで相手を知ろうよ」ということだと思います。

　たぶんみんな思考停止に陥ってて、誰かが教えてくれるんじゃないかという状況にあるから、怪しい情報にひっかかって、右往左往しているのだと思います。正しい情報源っていうのは、世の中にちゃんとあるわけだから、そこにきちんとアクセスして、きちんと情報を取ることですね。

◆新型コロナウイルスは自然災害

高瀬　一方で、一現場の専門職が、いくらこういうことが大事だと思っても、経営者や現場のトップの考え方次第で動かざる得ない現実がありますよね。トップは自分は正しいと思ってる人が多いし、そもそも周囲からのお仕着せみたいなのも好きじゃありません。自分でこれが正しいと思わないと動かないと思うのですが、こうした経営者の人たちの価値観を変えてかないと、現場も変わらないのではないでしょうか。

佐々木　そうでしょうね。経営者層、管理者層が意識改革をして、リスクに対する姿勢をきちんと整えなければならないでしょう。リスクは可能なかぎり減らす方向にいくべきですが、リスクはコロナだけではありません。そこのところをちゃんとわかっていただくってことが、今、特に大事なことで

す。少し冷静になっている時期だから、この時間にきちんと
啓発すべき人が啓発していなければいけないと私は思います。

　私は新型コロナウイルスの感染拡大は、自然災害と一緒だ
ととらえています。例えば大地震は、どんなに努力したって
防げません。地震に襲われた時にどうするかというと、襲わ
れた時の被害を最小化するように普段から減災のための努力
をします。防災という考え方もありますが、災害そのものは
防げないので、災害が起こった時の被害を最小限に食い止め
ることに比重を置くべきでしょう。

　「感染のリスクをできるだけ少なくするように最大限の努
力をした。だけど、万が一感染が持ち込まれてしまった時に
は被害を最小限に食い止める。あるいは持ち込まれたとして
も、被害がなるべく広がらないように二重三重に防御線を張
っていた。そして、感染が明らかになった時には、なぜこう
いう事態が起こったのかではなく、こういう事態が起こった
んだけど、こういう努力をしたから、最小化できた。今はこ
ういう形の努力をして、できるだけ早く解決に導こうとして
いる」と経営者、経営陣が応えられるようにしておくことが
最も大切なことだと思います。

　たぶん多くの医療・介護の専門職は、「私たちは大丈夫、
大丈夫」と祈りながら、業務に従事しているのだと思います。
そうではなくて、「大丈夫じゃなかった時、どうする?」と
問い掛けながら、シミュレーションしておくことが、私は大
事なことだと思いますし、それが感染に備えろということだ
と思います。

◆多様性があるつながり

高瀬　これまで地域とのつながりをつくってこなかった事業所は、新型コロナによって地域の中でさらに孤立していると思います。ここに来て、「コロナだからつながりましょう」と言うのもなかなかできないですよね。

佐々木　これまで「施設包括ケア」と揶揄されたように、施設のなかですべてを完結するということに対して、新型コロナが、それは大きなリスクを伴うことだと教えてくれました。残念ながら施設包括ケアのなかで働く専門職も、施設のなかだけで完結しなくてはならないと考えて仕事をしてしまうものなのです。

　そうではなく、地域には在宅系サービス事業者も病院も行政もさまざまな社会資源があるのです。それらと広く連携して、何かあった時にどう助け合うことができるのか、どういうニーズとサービスがそこにあるのかということを、定期的に対話する場をもたないとダメなんだと思います。

高瀬　今回、新型コロナの影響でオンラインの活用か広がったと思います。リモートワークなども広がって、情報のやりとりが便利になったと思うのですが、そこに乗り切れない方もいます。オンラインにおいて情報をどのように届けていけばよいとお考えでしょうか。

佐々木　私が患者さんの居宅を訪ねて愕然とすることがあります。区役所や市役所から届けられた重要な書類が、開封されないまま山積みになっていることがよくあるのです。ところが、ある一定の期間をおくとその山がなくなっているのです。「どうしたの？」と聞くと、「捨てた」と言うのです。そ

の中にはインフルエンザの予防接種のお知らせがあったり、要介護認定関係の書類があったり、あるいはもしかするとお金が戻るとか、支払うとかいう書類もあるかもしれません。しかし一人暮らしになって、目が悪くなってくると、封筒を開けるのもめんどくさいし、封筒を開けても小さな字でいっぱい書いてあって、どうしたらよいのかわからないし、結局そのままになってしまうのです。

　市役所・区役所は確実に届けているけど、実は届いていないということです。だから、情報を届けるというのは、紙ならよいとか、授業ならよいとか、オンラインならよいということではなくて、本来は相手の個別のコンディションに応じて個別に対応するのが重要なのだと思います。

　現状、最大公約数的に一番多くの人に一番効率よく届けられるのはテレビだと思います。それが今ネットに少しずつ取って代わられています。スマホを持っていない人がだんだん少なくなってきて、スマホを中心とした社会になってくると、例えば上海では、スマホがないとタクシーにも乗れません。タクシーは街中走っていますが、アプリで呼び出さないかぎり、絶対つかまらないのです。つまり、スマホがなければ旅行者や高齢者は、タクシーには乗れないのです。現金もほとんど流通していないキャッシュレスですから、スマホがなくてバーコードを読み込めないと、買い物もできないのです。

　どんなことにもこうした過渡期はあるので、混乱する時期はやむをえないのかもしれません。みんなにとって幸せな社会はありえなくて、私たちにとって住み心地がよい、みんなにとって優しいと思う社会は、ある一定の人たちから見ればバリアだらけで暮らしていけない社会でもあるのです。そう

いう人たちは表に出てこられないから、誰もその人たちに気づかないだけなのです。これからの街づくりとか、コミュニティづくりとかコミュニケーションのあり方というのは、多様性があるつながりを前提のもとに、届かない人たちにどうやって届けるかという選択肢をつくることがすごく大切になってくると思いますね。

◆テレビをデバイスとして活用

高瀬 コロナを機にオンラインでのコミュニケーションも便利で効率的であることがわかり、地域を超えたつながりもつくりやすいというメリットを体感できた人も多かったと思います。コロナが収束しても、オンラインでのつながりは続けていきたいという方も多いように感じています。今後、オンラインとオフラインをどのようにバランスよく活用していけばよいでしょうか。

佐々木 「オンラインはいいよね、いいよね」と言っているのは、実は大多数の国民ではなくて、一部の人たちなんだってことも知っておいた方がよいですね。オンラインで仕事できる人は限られた豊かな人たちだけなのです。多くの人たちは、職場に行かなければ仕事にならないのです。この状況は、たぶん今後も変わらないと思います。

　1つの手段としてオンラインというのはありますが、これは既存のお手紙とか、直接会って会話することに取って代わるかというと、絶対に取って代わることはないと思います。便利な手段が1つ増えたなって思えばよいだけで、全員がこのデジタル時代に適合するなどと壮大なことを語るのは、あまりスマートではありません。

結構、アナログのところに答えがあるんじゃないかと私は思っています。例えば、スマホを持っていない高齢者はたくさんいるけど、テレビをもってない高齢者はほとんどいません。だったら、テレビをインターフェイスにすればよいと思うのです。既存のテレビをデバイスとして活用して普及させた方が、高齢者の場合はよいと思います。

高瀬　テレビを活用するのはいいですね。高齢者にスマホに代えてもらうとか、SNSを頑張って覚えてもらうとか、私も考えたのですが、多くの高齢者はテレビ世代ですし、テレビであれば馴染めるのだろうと感じますね。

◆困った時は助け合う

高瀬　一方で、例えば遠くの孫と話したいとか、これまで通っていたデイサービスの仲間に会いたいとか、人を介する目的があればトライしてくれるのかなと。デジタルを通じてそうしたつながりをつくるために、私たちがつなぎ役を担う必要があるのではと思います。

佐々木　私たちの生活には、日々、色んなプロダクトやさまざまな技術が出てきます。「10年後ってすごい世界になってるんだろうな」と誰もが夢見ますが、結局のところ、私たちの世界なんて何千年前からほとんど変わらないのです。椅子に座って、机に向かって、飯を食べて、トイレに行ってという生活は変わらないじゃないですか。だから、大事にしているものは何なのか、何を大事にしたいのかということで、デジタルを使ったらよいのだと思います。

高瀬　緊急事態宣言によって、私たち自身も外出することもままならないことになりました。そんな中で、施設のなかで

暮らす高齢者の気持ちがすごくわかったというか、理解まではできなくても、その気持ちにちょっと寄り添えるような経験ができたと思います。

　新型コロナの経験を私たちは今後どう生かしていくべきだと思いますか？

佐々木　新型コロナは本当に災害みたいなものだから、一定の努力のうえで感染が起きてしまったら、「あの施設は感染を起こしやがって、とんでもない」という世論ではなくて、「あそこ運悪く隕石に当たっちゃったね。大変だから、みんなで助けてあげなきゃ」という風に考え方を変えなければいけないと思います。そのためには新型コロナの感染は自己責任という、自分たちを呪縛している価値観をまず捨てなければいけないでしょう。

　「ちょっと大変なことが起こったよ」「我々の地域全体の問題だよ」「運悪くあそこの人が感染したけど、みんなで助けよう」という空気をつくり、「感染したから、助けて」と自然に手を挙げられる環境をつくってきたいですね。自粛警察ではなくて、困った時にはみんなで助け合うというコンセンサスを今つくることが、何よりも大事ではないかと思います。

[2020年6月23日収録]

■

第2章

居場所と役割をもとう!

佐々木 淳

介護保険制度がない社会を想像できますか？

●自分たちの問題として考えよう

　一般的に「ケア」とはお世話のことです。困っている人を手助けしてあげることです。それは日常生活のなかにあるもので、どこの国の人たちも家族が困っていたら助ける、友だちが困っていたら助ける、という考えをもっています。ところが、日本では「困っている人がいるから制度をつくって、ケアを受けられる人を増やそう」という発想になってしまいました。これでは「制度が整っていないから支えることができない」と思い込む人も出てきてしまいます。

　SNSへの書き込みのなかには「日本の社会保障制度はつかえない」という発言が時折、見受けられます。しかし、ニーズに対応できるように制度がつくられていても、行政や専門職の人たちが制度の中身を理解しきれていないがために、本人のニーズを満たせていないというケースもあります。

　本来、困りごとがあったら自分でお金を出して負担することが前提です。例えば、普段は電車で移動している距離を急いでいるからタクシーに乗る時があります。この時に「(俺は急いでいるのに) どうして誰も送迎してくれないんだ！」と怒る人はいません。社会のなかで助け合いを中心にしながら、時には自分でお金を支払ったり、労力や時間をつかったりしているのです。

　現代の日本では「介護」について「自分でなんとかしよう」という考え方が消失してきているのではないでしょうか。

実際、介護保険制度が施行され20年となりましたが、利用する高齢者が増える一方で、制度を支える若者が減っていくという状況があります。このまま制度を使い続けていたら、いつかは破綻することが目に見えています。どこまでを公的な保険サービスで賄い、どこまでを地域住民の助け合いでやっていくかをそろそろ真剣に議論すべきでしょう。

　日本の国民やマスコミは、「制度を拡充してほしい」という論調になりがちです。消費税が８％から10％に上がるというだけで大騒ぎになっています。そのため自治体が介護保険料を上げる時には、住民のコンセンサスを得るのに苦慮します。

　国民のなかには「自分は保険料を支払わなくてもよい」と考えている人もいるようです。しかし、「国民皆保険制度」という言葉が示すとおり、みんなが税金や保険料を支払うことで制度が成り立っているという事実を忘れてはいけません。

　何よりもこの国の高齢化について議論する時に「自分たちの問題」として考えようとする意志が大事です。制度を持続可能なものにしていくにはどうすればよいか、歳をとって弱っていくなかでも豊かに幸せに暮らしていくためには何ができるかをみんなで話し合って合意形成を図る必要があるでしょう。一人ひとりが保険制度や社会の仕組みを理解したうえで、地域住民として果たすべき役割を自覚することです。

●地域の力で支えて行こう

　お金がかかっても介護保険制度をつかって専門的なケアを提供しなければいけない場面と、日常生活のなかで工夫をすれば質を落とさずにコストを下げられる場面があります。よくある食事支援の事例を挙げてみます。

私たちのクリニックが訪問診療に伺うなかにも、「食欲がなくて体重が減少している患者さんがいる」とケアマネジャーさんから相談を受けるケースがあります。そんな時は、管理栄養士さんがバランスのよいメニューを考え、ホームヘルパーさんが食事を作りに行きます。チームとして最適なケアプランを作成し、実施していきます。

　すると、それまで食欲がなかったはずの患者さんが、ペロリと食事を平らげたりします。これは管理栄養士さんが考えたメニューが美味しかったという話ではありません。ホームヘルパーさんが一緒に会話をしながら食事をしたことで食が進んだという話です。

　介護保険制度の「訪問介護」というサービスをつかうと、ホームヘルパーさんがお昼ごはんを作りにきてくれます。しかし、そのホームヘルパーさんは作り終えたら、次の仕事先に移動しなければなりません。すると、自宅に残された高齢者は、一人で静かな空間で黙々とごはんを食べることになります。私だったら食べる気がしないだろうと思います。

　要するに、ホームヘルパーさんが近所の高齢者の自宅を3〜4軒周り、同じお昼ごはん作りをして孤食をさせるのではなく、みんなで誰かの家に集まって宅配弁当を食べたほうが、よほど楽しく美味しく食事ができるのではないかということです。

　ある高齢者は、お昼ごはんの調理を手伝ってほしいのではなく、楽しいランチタイムを過ごしたいと思っているかもしれません。だから、ホームヘルパーさんが毎回昼食を作りに行くよりも、たまにはみんなで集まって出前をとって食べるという選択肢があったほうがよいのです。

　「介護の社会化」とは、社会保障制度だけで高齢者を支えよ

うとするものではありません。地域社会のあらゆる資源を用いて高齢者を支えていこうというものです。要介護状態になったら介護保険で支えるという単一的な価値観からは脱却すべきだと思います。確かに高齢化の進展とともにコミュニティが壊れ、地域での助け合いが機能しなくなったという厳然とした実情があります。むしろ介護保険サービスの提供に最適な社会ができあがってしまったとも言えるのですが…。

●本当のニーズを見つけよう

　東京都新宿区にある「戸山団地」は、高齢化率が高いことで有名になっています。そこに住んでいる80〜90歳代の４人の男性のケースです。

　彼らは「デイサービスには行きたくない」と言って、誰かの家に集まって毎日を過ごしています。タバコを吸いながら囲碁や麻雀をして楽しんでいます。その合間に、缶ビールを飲んだり、店屋物をとって食べたり、傍から見れば健康的な生活ではないかもしれません。しかし彼らは、自分たちの好きなように生活を送れてありがたいと言っています。

　行きたくもないデイサービスに通わされて、やりたくもないレクリエーションをさせられるより、このほうがよほど健全ではないでしょうか。デイサービスに通えば１日に１万円ほどの公費が使われます。それに比べれば、缶ビールと店屋物を購入しても、せいぜい２千円くらいでしょう。そろそろ公費だけに依存しないでやっていく方策を考えるべきではないでしょうか。

　10人で寄り合っている場所に１人のホームヘルパーさんが訪問するなら、10人分のデイサービスに使われている介護給付費を節約できます。このホームヘルパーさんに通常の３倍の

時給を払ってもお釣りが出ます。地域での支え合いの力を引き出すことで、今よりもよい老後を過ごしてもらえるなら、利用者の本当のニーズを満たしていると言えます。

このようなケアのサービスは介護保険サービスのなかにはありませんし、専門職であるホームヘルパーさんでなくても、誰もができる仕事です。近所の元気なおじちゃんやおばちゃんが、そのコーディネーターとなり、活躍する場をつくれれば、彼らの生きがいにもつながります。結果、自分たちが支払っている介護保険料を少しでも減らすことが可能になるかもしれません。

このように、時間をもてあましている人と不足している資源をつなぎ合わせるツールを考え出せれば、余分なコストをかけずに助け合う仕組みが見つかります。助けているほうにとっても、「なんだかんだ俺も近所の人の役に立っているんだな」という実感が生まれてきます。ただ家に閉じこもって趣味に没頭している高齢者にも、役割をもってもらうことができます。

「ケア」とは本来コミュニティがもっている機能なのです。専門職の役割は、そのコミュニティがうまくまわるように、必要に応じてサポートしていくことです。介護保険制度のなかに「地域ソーシャルワーカー」のような職種をつくって、凹んでいるところに出っ張っているものを組み合わせる仕事を担ってもらう。地域の困りごとを解決していくには、それぞれの地域の実状にあわせたカスタマイズが必要になるので、手間暇がかかります。しかし、そうした経験のストックが将来に意味をもってくるのではないでしょうか。

「介護保険」を利用することだけが「ケア」ではありません。「ケア＝介護保険」という図式化された考え方からいったん頭を離してみて、「本人の本当のニーズは何か？」「家族の本当のニー

ズは何か？」をしっかり見つめ直していくべきです。さらには、「介護保険」を利用することが最適な課題解決法なのかを考え直してみる必要があります。

　そうした議論のなかから、「もっとこんなサービスやケアの形があったらいいよね」というアイデアが生まれてくると思います。あとは、そのアイデアをどうやって実践に落とし込んでいくかを、みんなで考えていけばよいのです。

　現状、介護のサービスは介護施設のなかにあると思われています。在宅生活が成り立たなくなった時は、早めに介護施設に入所するのがよいとされています。しかし、家族介護が立ち行かなくなる前に、適切な介護サービスにつなげることができれば、在宅生活を継続することはできるのです。

●地域ソーシャルワーカーになろう

　医療保険制度・介護保険制度を例にとっても、自己負担が少ないために安く賄えていると思いがちですが、公費から支出される金額は決して小さくありません。「高齢者がデイサービスに通うと1回あたり約1万円の公費が使われる」と知った一般の人は、どんな反応をするでしょうか。それだけの税金や保険料を投入するくらいなら、近所の人と集まってお茶を飲んでいれば十分ではないかと思う人もいるはずです。このような一般の人がもっている感覚を、ネットワークのなかに織り交ぜていくことが専門職の役割になります。

　ある勉強会では、いかに地域の住民を巻き込んでいけるかを模索しています。近隣の大学に通っている学生さん、牛乳販売店のお兄さん、お団子屋さんのおばあちゃん、お米屋さんのおじさん、クリーニング店のおやじさんなど、さまざまな人たち

が参加してくれています。最近は、子どもたちが来てくれることが増えたので、子育てに関するテーマでも勉強会を開催しています。そうするとお母さんたちが一緒に来てくれるようになります。高齢者に関するテーマだけに限らないので幅広いつながりができます。さまざまな人たちからさまざまなテーマで意見を聞くことは、私たち専門職の凝り固まった頭をもみほぐしてくれます。

　この勉強会は、他の医療法人と民間企業と一緒に運営しています。自分たちのクリニックだけで行うと、患者さんを囲い込もうとしていると思われてしまいますので、地域にいる誰もが参加できるオープンな場所になるように心がけています。自分たちが主催者になるだけでなく、他団体のイベントの共催になったり、会場を提供するなど、地域の人たちとの接点をつくる努力を積極的に行っています。

　医療・介護・福祉という専門職の人たちだけで集まってグループワークをするのではなく、○丁目○番地と地域の人たちが集まって「地域の困りごと」について話し合えばよいのです。そして、その困りごとを解決するために、時間と体力をもてあましている人たちがいれば、彼らにも協力を要請する。そのような流れをつくっていく必要があります。

　ところで、韓国には「ソンミサンマウル」という街があります。地域の課題を住民主体で考えていくという参加型のまちづくりを実践していることで知られています。そこでは街の人たちが勝手に集まって足りないものを生み出していきます。

　そのなかに「ソンミサン・ゲーム」というグループワークがあります。集まった参加者同士が「不足しているもの」「余っているもの」を書き出していって話し合います。お互いに欲し

いものを見つけられたら交換していきます。

　例えば、「日中だけ子どもの面倒をみてほしい」と思っている子育て中のママが10人いた時、そこに「昔は保育士をしていたけれど、今は時間をもてあましている」というおばちゃんたちが3人いれば、「私たちが保育士の代わりをすればいいんじゃない？」と提案して、日中子どもを預かるといった感じです。

　「うちの子どもの面倒をみてほしい」と一人で考えているうちは、「もっと保育所を増やしてほしい」と訴えるだけで終わってしまいます。しかし、リタイアしても時間と体力がある人たちに頑張ってもらおうとみんなが集まり考えたら、その地域にある資源を有効活用しようという発想が生まれます。

　「申請主義」が言われて久しい日本では、介護保険制度の手続きが面倒だったり、制度の縛りがあってできないことが沢山あります。この韓国での事例は、その煩わしさを乗り越えていく一つの知恵になると思います。

　団塊世代の人たちのなかには、定年後、働いていない人たちもいます。できる人には仕事をしてもらって、しっかり稼いで税金を支払ってもらう。一日中、家にいてボーッとしていたら寝たきりになってしまうので、今ある体力を地域のために使ってもらう。

　たぶん、テレビの前にずっと座っている人は、やりたいことがあってテレビを見ているというより、他にやりたいことの選択肢がないからテレビを見ているのでしょう。介護保険には公費が投入されています。誰かが費用を負担しなければならないわけです。高齢者を上手に地域に巻き込むことで、公費だけに依存しないケアの仕組みを考えるべきです。

自分の強みを発揮できる場をつくってあげれば働ける人は大勢います。こんなに楽しいことがあると気づいていくことが第一歩です。まずはゼロをイチに近づけていくことです。

　「ソーシャルワーク」には、地域に今ある課題を見つけ出して、それを調整していく役割があります。ところが、現在の「ソーシャルワーカー」という職種には「制度を運用する人」というイメージが強いのではないでしょうか。本来、ケアマネジャーがソーシャルワークの担い手となるべきなのですが、残念ながら現在のケアマネジャーの仕事は、介護報酬の給付管理がメインになっています。また、担い手不足が問題となっている民生委員の仕事も、「ソーシャルワーク」には違いないのですが、定義が曖昧なままです。

　ソーシャルワーカー、ケアマネジャー、民生委員のいずれも、社会資源の発掘や活用をふくめて「地域を丸ごとサポートしていく」のが本来の仕事ではないでしょうか。あらためて「地域ソーシャルワーカー」として位置づけ直しませんか。

「生きる」価値を大切にしませんか？

●望みを叶える支援をしよう

　「見守る」という言葉には、「大丈夫だから、やってみて！」とポンと背中を押す、そんなイメージがあります。実際に一歩踏み出してしまえば難なくできてしまうことも、最初の一歩を踏み出すまでがなかなか難しいものです。ちょっとだけ誰かが背中を押してあげれば、自分から動けるようになる人が大半なのではないでしょうか。

　あなたの背中を押してくれる人が、身近なところにいますか？

　現在、高齢者施設には防犯カメラや離床センサーが、人手不足を補うという目的で導入されています。いつか損害賠償を請求された時の証拠映像になるということで設置されていることもあるのでしょう。しかし、それだけで高齢者の安全が守られるとは思えません。しかもケアされる高齢者が常に見張られることを望んでいるとは思えません。

　どんなに医療・介護・福祉が発達したとしても、今、心臓が正常に動いていることを心電図計のモニターで確認できたとしても、それだけで人の幸せを計ることはできません。どんなに見守っていても、心臓は止まる時には止まります。心停止した後、どれだけ早く駆けつけられるかを競っても、間に合わなけば本人にとっては全く意味がないことです。

　見守ることの目的が、事故や生命の危機的状況を回避するためだと思い込んでいませんか？

見守ることの目的は、その人の日々の生活や人生を気に掛けることなのです。だから、たとえ一人で亡くなっていても、数日中には近所の人が気づいて連絡してくれる体制があれば、見守りは十分だと言えるのです。

　介護保険制度では、サービスごとに「やるべきこと」がルール化されています。いかに決められた内容のサービスを漏れなく提供するかという精密さが求められています。

　例えば、デイサービスに通ってみんなで楽しい時間を過ごせるおじいちゃんもいます。認知症高齢者のグループホームに入居したとたんに、イキイキと家事を始めるおばあちゃんもいます。一方でどこにも馴染みの場所がつくれなくて、自宅に閉じこもってしまう高齢者もいます。人間は一人ひとり性格も感じ方も体格も違う、個別性が高い生き物です。このサービスはあなたに向いているからといって提供しても、必ずしも本人のニーズに合致するとはかぎらないのです。

　公的な介護保険も、がん保険や自動車保険などの民間保険のように、それぞれの高齢者のニーズを汲み取ってカスタマイズされるべきでしょう。単に私たちが制度で決められているルールに従うのであれば、そこには高齢者本人の意思が反映されていないという意味で、まったくもって本末転倒です。

　あるいは日本でこれだけ充実した医療制度をつくっておきながら、そこに莫大な公費を投入しているにもかかわらず、患者満足度が高いとは言えないのはなぜでしょうか。また、そのような医療の現場で働いているスタッフが、自分の仕事にやりがいや誇りをもって従事しているかと言えば、仕事だからしょうがなくやっているという人のほうが多いのではないかと感じます。

自分たちのケアを自信をもって語ることができるスタッフがいる現場は、利用者満足度も高くなるという傾向があります。反対に、「こんな介護をしたいんじゃない」と思いながら働いているスタッフが多い現場では、「こんな介護を受けたいんじゃない」と思いながら我慢を強いられる高齢者が多いとも言えます。そして、こんなに高い介護保険料を支払っているのにどうしてまともなケアを受けられないのか、という不満にもつながっていきます。

　せっかくつくった制度を有効に活用していくためにも、誰のためにどんなケアを提供することがベストなのか、「本人の選択」という視点に立って見直してみるべきでしょう。

●リスクを受け止めよう

　在宅高齢者に対して見守りが必要だという話は、介護する側の都合を優先しているから発想されるのでしょう。一方的であっても管理したほうが楽だという考え方になってはいないでしょうか。たとえ独居の高齢者であっても、本人が望む最低限の支援が提供できていれば、それで十分ではないかと思います。何よりも本人が楽しく暮らせているかを最優先に考えることが大事なのです。

　ところが、「要支援」「要介護」という判定がついたとたんに、それまでは自由気ままに生きていた高齢者が、健康管理の対象者になってしまいます。お酒もタバコも減らすように言われたり、血圧が高いから梅干しや塩辛などの塩分が高いものを制限されてしまったり、太っていると介助する人が大変になるから痩せるように指導されたりします。それでも「要介護認定」を受ける意味はあるのでしょうか。

「健康」とは、高齢者だけのものではありません。その人の健康を本当に願うのならば、若いうちから介入して教育すべきなのです。高齢期に差しかかってから、むりやり健康的な生活をしてもらおうとしても、たんなる虐待にしかならないと思います。その高齢者に残された時間が少ないならなおのこと、美味しいものを食べて幸せに過ごしてほしいと私は思います。

　食事を喉につまらせてしまって結果的に亡くなった場合、それがその方の人生だったという見方ができないのは、なぜでしょうか。

　高齢者施設では、ご家族の「誤嚥させないでほしい」「転倒させないでほしい」という要望を盾にとって、さらに管理体制を強化しています。このような家族の要求が出てくる背景には、事業者側が「リスクヘッジ」という言葉を使いすぎることにも原因があります。

　「うちの施設では安心・安全を提供しています」と言い切ってしまったら、家族にしてみれば「この施設に預ければ安心・安全なんですよね」「転倒も、誤嚥も、起きないんですよね」と信じることになってしまいます。

　高齢者施設は、高齢者の身体的な安全を守る場所ではなく、生活の継続を支援する場所です。そのため「日常生活上のリスクは当然ある」ということを家族に伝えておく必要があります。事前にきちんと説明をしていれば、家族も無茶な要求はしてこないはずです。お互いにトラブルを回避しようという心理が働いて、「リスク」に過敏になっているのではないでしょうか。

　私は、入居後の健康状態について相談を受けた時、「リスクゼロはあり得ません」ということを伝えています。例えば、「誤嚥をしないように口から食べない選択をしたら、嚥下機能が弱

って死期が早まる可能性があります」「転ばないように自力で歩かない選択をしたら、筋力が低下して骨粗しょう症が早まります」と具体的に説明して、それでもよいかどうかを考えていただいています。

こちらがきちんと説明をすれば、たいていの家族は「多少むせてもいいから、好きなものを食べさせてほしい」「転ぶ可能性はあっても自分の足で歩き続けてほしい」と応えます。

そもそも私たち健常者も、生活上のリスクを抱えながら生きています。どのリスクを選択するかは、要介護者である本人が決めればよいのです。「その時」をどのように迎えるかについても、あらかじめよく話し合っておけば、本人の意思を尊重した関わりができます。

●QOLを評価しよう

救急搬送されても自宅に元気に戻ってこられる高齢者は、もともと元気な高齢者だったからです。すでにADLがかなり低下していたり、フレイルの状態にある高齢者は、元気になって戻れるケースは少ないでしょう。

私は医療者として、「この先は、病院に受診・加療してもしなくても、ほとんど病態に変わりがないのではないか」とか「この状態なら入院しても元気になって帰ってくることができる」という見立てを行い、状況に応じた意思決定を支援しています。

先日、私が診ていた99歳の高齢者のケースです。

本人は入院を望んでいませんでしたが、肺炎を起こした後、家族介護が難しかったので肺炎治療のために入院してもらいました。その時、最短で自宅に帰れるよう病院にお願いしたところ、4日間で退院が可能になりました。仮に3週間も入院した

ら、その間に全身の関節と筋肉が固まってしまって、元の生活には戻れなかったでしょう。

　本人の「入院したくない」という言葉の背景には、「いったん病院に入ったら、もう帰ってこられない」という不安があります。そんな時、「この肺炎は治る可能性が高いので、入院しませんか？」と提案することがあります。あるいは、すでに治る見込みが少ないという場合であれば、その意思を尊重する関わりをしていきます。

　今盛んに普及が進められている「ACP」ですが、医療者側のリスクヘッジにされているように思えてなりません。医療者は、本人や家族の意向が書かれた書面を見て、そこに書かれているとおり治療しますと言いますが、そもそも意思決定支援とは「書面での同意を得ている」ことが重要なのではありません。意思決定支援は「本人の意向を確認する」ために行うわけではなく、繰り返される対話のなかから、相手の本当のニーズを引き出し、みんなで少しずつ共有するプロセスを大事にすべきなのです。

　「ACP」は、「治療をするか、しないか」「どこで治療をやめるか」の判断をするためのものではないのです。その人にとっての幸せは何か、人生の最期をどのように豊かな気持ちで過ごすことができるかを考えるためのものだと思います。

　本人と家族の幸せを考えれば、医療者としての引き際はどこにあるのか、自ずとその答えは出てくるはずです。治療方針ばかりが注目されてしまうのは、私たちの頭が短絡的な「リスク脳」になっているからではないでしょうか。

　医療におけるQOL評価に関する「主観的な幸せを客観的な数字に切り替える」スコアリングシステムは、いくつもありま

す。ところが、これらは疾病別に分かれているため、要介護高齢者のように複数の疾患を抱えている高齢者には向きません。それぞれにニーズが違うため、一律の指標として用いにくいのです。

　いくらQOLを計測しようとしても、そもそも本人が望んだ生活を送っていないのであれば、また、その人の選択が尊重されていないのであれば、意味がありません。本当は家にいたいと思っているのに、周囲の意向で老人ホームに入っているおじいちゃんがハッピーに過ごせるとは思えません。「与えられた選択肢のなかで許容度が高い生活が送れる」という楽観的な考え方で一括りにしてはいけないと思うのです。

　綺麗で高級な有料老人ホームで暮らしたいという人もいれば、貧しくてみすぼらしくても自分の家で暮らしたいという人もいます。自宅で一人暮らしをするのは心配だから、誰かと一緒に暮らしたいという人もいます。どんなに美味しいごはんが出てくる老人ホームでも、一緒に食べる友だちがいなければ寂しいものです。一人で食べていたら美味しいと感じられないでしょうし、早くお迎えがきてほしいと思うのではないでしょうか。その人の本当のニーズに、私たちがどれだけ応えられているかが１つの尺度になります。

　交通事故に遭った人がケガをして道端で血を流していたとします。この時、「放っておけばいいんじゃない？」と言う人はいないと思います。誰もが「救急車を呼んで生命を助けたほうがよい」と考えるでしょう。治療すれば治るケガや病気を放置するのは、倫理的ではありません。

　ところが誤嚥性肺炎を４回も繰り返している90歳のおばあちゃんが、入院を繰り返す度にごはんを食べられなくなって、

図 ジャンセンの臨床倫理の四分割表

医学的適応
(Medical Indications)
善行と無危害の原則

1. 患者の医学的問題は何か？ 病歴は？ 診断は？ 予後は？
2. 急性か？ 慢性か？ 重体か？ 可逆的か？
3. 治療の目標は何か？
4. 治療が成功する確率は？
5. 治療が奏功しない場合の計画は何か？
6. 要約すると、この患者が医学的および看護的ケアからどのくらいの利益を得られるか？ また、どのように害を避けることができるか？

患者の意向
(Patient Preferences)
自律性尊重の原則

1. 患者には精神的判断能力と法的対応能力があるか？ 能力がないという証拠はあるか？
2. 対応能力がある場合、患者は治療への意向についてどう言っているか？
3. 患者は利益とリスクについて知らされ、それを理解し、同意しているか？
4. 対応能力がない場合、適切な代理人は誰か？ その代理人は意思決定に関して適切な基準を用いているか？
5. 患者の事前指示はあるか？
6. 患者は治療に非協力的か、または協力出来ない状態か？ その場合、なぜか？
7. 要約すると、患者の選択権は倫理・法律上最大限に尊重されているか？

QOL
(Quality of Life)
善行と無危害と自律性尊重の原則

1. 治療した場合、あるいはしなかった場合に、通常の生活に復帰できる見込みはどの程度か？
2. 治療が成功した場合、患者にとって身体的、精神的、社会的に失うものは何か？
3. 医療者による患者のQOL評価に偏見を抱かせる要因はあるか？
4. 患者の現在の状態と予測される将来像は延命が望ましくないと判断されるかもしれない状態か？
5. 治療をやめる計画やその理論的根拠はあるか？
6. 緩和ケアの計画はあるか？

周囲の状況
(Contextual Features)
忠実義務と公正の原則

1. 治療に関する決定に影響する家族の要因はあるか？
2. 治療に関する決定に影響する医療者側(医師・看護師)の要因はあるか？
3. 財政的、経済育的要因はあるか？
4. 宗教的、文化的要因はあるか？
5. 守秘義務を制限する要因はあるか？
6. 資源配分の問題はあるか？
7. 治療に関する決定に法律はどのように影響するか？
8. 臨床研究や教育は関係しているか？
9. 医療者や施設側で利害対立はあるか？

出典:「週刊医学界新聞 第3059号」(医学書院)

今は頑張ってペースト食を食べている場合ならどうでしょうか。退院した後、口から食べるリスクを考えたら、胃ろうや点滴になるのは目に見えています。5回目の誤嚥性肺炎が起きた時に、果たして入院・加療してもらうべきでしょうか。

　自分のおばちゃんやひいおばちゃんだったらどうだろうという視点で考えてみてください。

　ご本人が「入院してまで治療するのはもう嫌だ」と思っているのに、周囲の意向で入院させるのは過酷ではないかと思いませんか。一昔前なら、肺炎は治療するという考え方のほうが主流で、患者さんは病院に運ばれていました。しかし、今は本人の希望を叶える方向に変わってきています。

どうすれば自立できますか？

●つながりをつくろう

　グラグラして倒れかかっている樹木があったとします。その木につっかえ棒をして支えるのが私たち専門職の仕事です。とはいえ、その木はつっかえ棒によって立っているのではなく、根っこがあるから立っているのです。

　では、人間にとっての根っこにあたる部分は何でしょうか。もし大腿四頭筋が根っこなのであれば、筋力トレーニングをすれば自力で立って歩くことができます。もう一度、歩けるようになって自信をもって生活できるようになれば、それを自立と呼ぶことはできます。

　しかし、筋肉があれば自立できるかといえば、必ずしもそうとは言えません。車いすで移動している人のように自力で歩けなくても自立した生活を送っている人はいます。だから「身体に障害を抱えているから自立できない」とは言えないのです。

　人間にとっての根っこは、「人間関係」ではないでしょうか。例えば、仕事をすることで社会の役に立っていると感じられる、家に帰ったら一緒に食事をする家族がいる、辛いことがあったら愚痴をこぼせる友だちがいる。人間は、他人から必要とされているとか、働いたらお給料をもらえるなど、人間同士の関係性があるから自立できているのです。

　「百寿者は20歳以上年齢が離れた友だちをもっている」という秋田県での調査があります。たとえ同居している家族がいなくても、地域のなかに生活を共有できる人をつくれれば自立で

きると言えます。

　一人暮らしの高齢者のなかには、すでに仕事をリタイアしていて収入がなく、同世代の友だちが少なく、社会での居場所を失っている人もいます。いくら筋力トレーニングをしても、それで要介護度を下げることもできたとしても、他人とのつながりがなければ生きてはいけません。人間は、他者とのつながりのなかで居場所や役割をもつことができます。それが「生きがい」につながっていくのです。

　自立とは、「生きがいを取り戻すためのプロセス」ではないでしょうか。そこでは人間関係の再構築が重要になります。

　コンビニエンスストアなどの普及によって、一人暮らしに最適な環境は整っています。しかし、インフラさえ整備できれば高齢者が一人でも生きていけるかと言えば、そうではありません。

　なぜなら私たちは周囲の人々との関わりのなかで生きているからです。

●生きがいをもとう

　ALSの患者さんの多くは、全身の筋力が衰え、進行すると眼球しか動かせなくなります。ところが、人工呼吸器をつけながらも、自分たちで仕事をつくって収入を得て生活している人たちがいます。足腰が弱ったり、認知機能が低下したからといって社会の第一線から退かなければならないと考えるのは、変だと思いませんか。

　その人の「強み」は最後まで残ります。ここでいう強みとは、他人や社会の役に立つことだけではありません。「根性がある」とか「信念がある」といった精神的な部分でもよいのです。身

体に不自由がない人はそれが当たり前のことだと思い、「自分の強み」を意識するチャンスは少ないのだと思います。病気や障害を負った人にとっては、「自分の強み」を発揮できる場面は重要となります。また、強みがないことも個性の1つだと言えますし、そもそも個性がない人なんていません。

　自分の強みを活かしてお金を生み出せる人がいます。では、収入を得ていない人は、生産性が低いのかと言えば、そんなことはありません。その人が存在することにこそ意味があると思うのです。その人の存在のなかにいかに生きる意味を見出せるかが、周りにいる支援者にとって腕の見せ所ではないでしょうか。

　宮城県で8〜9万人の人を7年間にわたって追跡した公衆衛生の調査があります。その論文には「生きがいをもっている高齢者は、生きがいをもっていない高齢者より、死亡するリスクが13％低い」とあります。

　また、970人の高齢者を6年間にわたって追跡した、アメリカ・シカゴ州でのデータもあります。その調査でも「生きがいをもっている高齢者のほうが要介護状態になるリスクが半分になる」という結果が出ています。私たち医療者が行っている血圧治療や栄養指導よりも、「友だちをふやす」「生きがいをつくる」ほうが寿命を延ばしていると言えるのです。

　認知症の症状の進行度合いも「生きがいをもっているかどうか」によって違ってきます。認知症になって記憶障害がおきても、身体が覚えていることや得意なことを活かしながら、地域のなかに居場所をつくれば、そこに生きがいを見出すことができます。

　内閣府の調査では、生きがいを感じていると答えている人は、

仕事をもっている人か家族がいる人だそうです。生きがいをもっているかどうかによって、要介護状態になるリスクを下げることができ、生存率も変わってきます。認知症の症状の進行を抑えることができるとも言われています。自分が存在していることを認めて欲しくない人はいないはずです。

つまり、「居場所」と「つながり」をつくることこそが、「ケア」なのではないでしょうか。

ところで、私には丹野智文さんという友人がいます。彼は39歳の時に若年性アルツハイマーと診断されました。彼と付き合い始めたのは４年ほど前ですが、それから４年経った今も変わらないように思います。本人は「最近は道順を忘れることが多くなった」と言いますが、私は丹野さんと話していて、彼を「認知症がある人」だと感じることは全くありません。

先日も丹野さんたちと中国・上海に講演ツアーに行きました。彼はすべて身の回りことは自分でやっています。ツアーのスケジュールもしっかり把握していて、時間どおりに集合場所に来てくれるので、みんなと一緒に食事を楽しむことができます。

●「生かされる」から「生きる」へ転換しよう

私たちは、人間関係によって生かされています。誰かの役に立っているという感覚は生きがいにつながります。「人間関係の再構築」こそが、ケアの最終的な目標になるのではないでしょうか。本人が「何のために生きているのか」を見つけて、それを言葉にしていくプロセスを支えるのが、専門職の役目ではないでしょうか。

たとえ90歳代のおじいちゃんでも、筋トレをすれば筋肉量は増えますが、近い将来に亡くなることは避けようがありませ

ん。毎日、リハビリと称して平行棒のあいだを歩かせ、下肢筋力が低下しないように努力しているのは、一体、誰の都合なのでしょう。

本来、介護職の仕事は高齢者の「生活モデル」に合わせるべきなのに、目に見える評価指標で納得したいためなのか「医学モデル」に合わせようとする傾向があります。生活者として本人の人生に寄り添っていかなければ、本質を見誤ってしまうでしょう。

私たちは、「健康になるために生きている」わけではありません。老人ホームに入居している方にとって、本人がやりたくない筋トレを行い歩けるようになることに意味があるとは思えません。自宅に戻らずに最期まで介護施設で暮らすのであればなおさらです。

では、「その人」にとって「自立」とは何でしょうか。

「自分で選択した人生のなかで、役割や居場所をもつことができ、そこに生きがいを感じられる」ということです。毎日「生きていてよかった」と思ってもらえる状況をつくることが「自立支援」なのです。

どんなに家族が在宅介護をがんばっていても、本人が自宅から一歩も出られないのでは、孤立させていることになります。アウトカム（質の評価）という視点からみれば明らかに間違っています。「生かす」から「生きる」への転換が求められています。

「あなたがそこに居てくれるだけでいい」と思ってくれる人が周りにいるかどうか、誰も面会に来てくれないベッドの上で淡々と経管栄養の管につながれている状態、それは生かされているだけであって自立しているとは言えないのです。

本当に必要なものって何ですか？

●地域のインフラになろう

　私は、当初、大きな在宅診療センターをつくることを考えていました。東京23区の中央に位置する千代田区に在宅診療クリニックを置けば、半径16キロメートル（＝23区全域）をカバーできると思ったのです。100人の医師で1万人の患者さんをみるという構想です。

　ところが、テリトリーを拡げていくほど訪問診療の移動距離が長くなり、1日に訪問できる件数は限られてしまうことに気づきました。そこで、患者さんの紹介が多かった地域にサテライトの診療所を出して、診療圏を小さくしていこうと考えました。現在、都内には8つのクリニックがあり、それぞれ半径2〜3キロメートルの範囲をカバーしています。残念ながら、まだ東京23区全域をカバーすることはできていません。

　また、休日・夜間の対応、急性期医療、精神科医療などは、複数のクリニックで患者さんを共有しながらチーム全体でカバーしています。

　私が開業した13年前、すでに大病院や専門クリニックは総合診療（プライマリケア）を行っていましたが、在宅医で総合診療を行う先生はわずかでした。そこで私は、大都市が高齢化するなかで「総合診療」がますます求められると考え、在宅クリニックを開業したのです。

　地方では若年人口の減少によって高齢化が進む場合があります。あるいはすでに高齢化は進んでいて、高齢者の絶対数が減

っていく場合もあります。いずれにしても地方の高齢化は人口
減少とともに進みますので、今さら新しい診療所をオープンす
る必要はありません。

　離島で50人の高齢者を１人の医師がみることなら可能でしょ
う。しかし、患者さんが途切れなく増えている都市部で、
24時間・365日を１人の医師だけで対応するとなれば、どうし
ても限界がでてきます。そこで私たちが考え出したのは、前述
のように複数のクリニックにより救急病院のような体制をつく
ることでした。日中は主治医が担当して、休日・夜間に急変し
た時には、当番の医師が確実にバックアップしています。

　相対的にみて、都市部に暮らす高齢者から求められるニーズ
のレベルは高いと感じます。皮膚科・耳鼻科などの専門診療か
ら、膝に溜まった水を抜いてほしいという依頼まで、内科だけ
では治療できないケースがあります。さらには今飲んでいる抗
認知症薬を減らす方法を教えて欲しい、深くなってしまった褥
瘡を処置してほしいなど総合診療医だけでは難しいケースもあ
ります。そのためチームに専門医がいることで、診療がスムー
ズになるケースがでてきます。

　一方で、ある程度の患者がいないと常勤の専門医を雇うこと
はできません。専門医にチームに加わってもらうためには、診
療と並行して患者さんを増やす努力も必要です。

　未だに「在宅医療＝赤ひげ先生」というイメージがあるよう
です。１人のお医者さんが、その人の一生を24時間対応でみ
ることが理想であるように言われますが、本当に１人でみるこ
とができるのでしょうか。地方の町や村でお互いに信頼関係が
できていれば、それは可能でしょう。例えば、具合が悪くて在
宅医に電話をしたのに、その晩は医師がお酒を飲んでしまって

いて電話に出てくれなかった。それが笑い話になるような世界もあります。

しかし、東京23区内で「24時間体制で在宅診療をします」と看板を掲げているクリニックが、医師が酔っ払っていて応対できなかったなんて論外です。インフラとして患者さんのニーズに確実に応えられる体制をつくって、初めて在宅診療を標榜できるのだと思います。

●ノットワーク（knot work）しよう

毎日のように「うちの自治体にもクリニックを開業してほしい」「在宅医療のノウハウを提供してほしい」という依頼があります。大変ありがたい話なのですが、都市部で行っている在宅医療の仕組みを、そのまま地方にもっていっても上手くいきません。むしろ、その地域の実情にあった在宅医療を提供するには、どうすればよいかを考えていく必要があります。

地方自治体の方から「在宅医療のクリニックを誘致したい」という依頼があった場合、私は「皆さんの地域ではどんな医療を必要としていますか。私たちが来ることに何を望んでいるのでしょうか」と質問するようにしています。そのうえで、在宅医療のクリニックが丸抱えで地域を支えるのではなく、住民が主体になって地域づくりを一緒に行っていくビジョンを共有していきます。

診療所を開設する場合でも開設許可が下りるまでに1年くらいかかります。その間にグループワークなどによる議論を通じて、その地域がもっている課題を見つけ、共有された課題をどのようにして解決していくのか、誰がどんな役割を果たしていけばよいのか、そのプロセスを地域の人たちが理解できている

のかなどを1つずつ確認し合います。診療所ができあがってから地域づくりを考えるのではなく、診療所ができあがった時から動き出せる体制をつくっていくのです。

　一方、地域に入っていく私たち自身にも、法人の理念・ビジョンの共有が求められます。現在、クリニック数が増えて、組織が大きくなるなかで、中核人材の育成も必要になってきています。いつまでもトップが旗振り役になるのではなく、それぞれのクリニックのマネジャーが地域に出て活動することが重要となります。

　私たちが在宅医療のクリニックを展開するのは、「安心して暮らせる地域づくり」をお手伝いしたいと考えるからです。そのため第1には、その地域で開業している先生が、地域を1人でみられる体制づくりのお手伝いをすることを考えます。時には依頼があった地方の自治体に、当院で研修中の若手医師を送り込むこともあります。

　東京都葛飾区には、いくつかのクリニックと民間企業が共同してつくった「葛飾在宅ケアネットワーク〜支え合う街かつしか〜」という集まりがあります（通称「ささかつ」。医療・介護の垣根なくネットワークを強化しようという目的で作られた会）。この会では「お医者さんを"先生"と呼ぶのはやめよう」というルールをつくっています。おたがいに「さん付け」で呼び合える関係性をつくろうとしています。

　多職種で協働する時、お互いに垣根を取り払うことは一朝一夕には難しいのですが、そこで仲良くなった人たちと「人」と「人」という社会的なつながりをつくっていくことが大事なのです。組織同士の業務提携とかトップ同士が仲がよいというだけでは、現場のスタッフ同士につながりは生まれません。

つながりをつくるためには、それなりに時間や労力がかかるため、最初は面倒くさいものです。しかし、一旦チームができあがってしまえば、何か問題が起きた時もそのチームが自主的に動き出して、自然に解決できるようになります。

　チームがまとまっていない状況下では、誰かが「ちょっと困っている人がいるんだけど……」と助けを求めても、すぐに応えようとする人は出てきません。どうしてよいのかわからないから、その問題がたらい回しにされ、なかなか解決には結びつきません。

　私が考える「地域づくり」は、「みんなで一緒に仕事ができるチームづくり」です。しっかりしたチームをつくることができれば、どんな問題が起きてもお互いの強みを発揮しあいながら解決できます。

　「それなら私ができます」「それは私の専門領域です」と手を挙げる人たちが出てきて、自然に役割分担ができます。また、地域のなかにどんな職種の人たちがいて、どんな仕事をしていて、何が得意で何が弱点か、本音ではどう思っているかといったことをあらかじめわかっていると仕事がしやすくなります。

　在宅でも施設でも多職種が関わることに意味があります。医師の一存で物事が決まるのはなく、治療方針や処方に疑問をもった時に、介護職から「それは○○なんですか？」と質問してもらえる状況は、医師にとっても有難いものです。誰も意見を言わないまま、淡々と診療が続いていくのは、医師が優れているからではありません。疑問をぶつけたり反対意見を言ったりできない雰囲気がつくられているからだと思います。

　厚生労働省は「地域包括ケアシステム」を構築するように推進してきました。しかし、全国的に広がらないのは、「システム」

という呼び方に問題があるのではないでしょうか。単純に「ネットワークづくり」と言えばよいのです。

　あるいは、「ネットワーク」というとやや固い印象もあるので、私は「ノットワーク」という言葉を好んで使っています。この「ノットワーク」の「ノット（knot）」には「結ぶ・絆」という意味があります。「時にほぐれる、でもつながる」という、伸びたり縮んだりする柔軟なつながりをイメージしています。このノットワークをつくっていけば、自ずとシステムは機能していきます。すてきな網目ができあがっていけば、どんな人もサポートできるようになります。

　医療や看護、介護などの専門職だけでつながりをもつと、制度のなかでなんとかしようという発想になります。これからは「ノットワーク」のなかに、いかに近所のおじさんやおばさんのような一般の人を巻き込んでいくかが重要な課題になります。

●ケアサイクルをつくろう

　都市部と過疎地で受けられる医療に違いはあります。それは時に「医療格差」と呼ばれますが、私は「格差」と呼ぶべきではないと思います。例えば、過疎地には都市部にない大自然がありますが、それを「自然格差」とは呼ばないでしょう。このように医療にも格差はないと考えます。

　医療にあるものは、地域ごとの特性です。私たちはその特性のなかで、「何が自分に合っているか」を考えて選択しなければなりません。さらなる経済成長が見込めない時代に、今以上に全国各地に救急病院を整備することは、財政面からいっても現実的ではありません。それだけの費用をかけると国家が財政破綻してしまいます。また、それぞれの病院に専門職を配置す

ることも容易でありません。

そもそも過疎地にまで急性期病院が必要かを考えた時、今以上に増やさなくても足りるのではないでしょうか。いざとなった時の急性期病院へのアクセス体制を整えることが可能だからです。ドクターヘリや介護タクシーを整備するなど、交通機関が知恵を絞ることもできます。

また、自治体病院のなかには慢性的な人材不足と赤字経営に苦しんでいるところも多くあります。2019年9月、厚生労働省は、がんや救急外来など高度医療の診療実績が少ない病院、近隣に機能を代替できる民間病院がある病院について、再編や統合を検討するよう自治体に促しました。その424病院のなかには、国立病院機構が30病院も含まれていました。人口減少による患者数の減少、民間病院の不採算部門の引き受けなど、まだまだ課題があることは理解しています。しかし、地域ごとのベッド数の偏りを是正したり病床稼働率などを議論する前に、もっとやるべきことがあるはずです。

もちろん病院のもつ意味や役割は決して小さくありません。しかし、重要なのは「病院があること」ではなく、病院がなくても安心して療養生活が送れる環境をつくることです。そして、病床が埋まらないということであれば、入院しなくても生活できているわけですから、実は地域にとって喜ばしいアウトカムになるのです。

病院経営のために、患者をつくり、病床を埋める。これほどナンセンスなことはありません。確かに病床を埋めれば「収入」は増えるでしょう。しかし、その収入の8割は私たちが納めた税金と保険料によって賄われているので、公的「支出」が増大します。入院により生じたサルコペニア・フレイルによって高

齢者は心身の機能を低下させます。それを回復させるために介護保険サービスを使ってリハビリを行っています。このような負のサイクルから早く抜け出さなければいけません。社会的共通資本としての医療の在り方を見つめ直すべきです。

　まずは多疾患を抱える高齢者への「地域医療の提供体制」を考え直すことです。これまでの日本人には、臓器別に専門診療を受け続け、何かあれば救急車で病院に行く、そして入院できればひと安心という発想がありました。そろそろこのような考え方から脱却すべきです。

　救急車で緊急受診できれば、確実に診察を受けられます。しかし、高齢者の救急搬送の真のニーズを考えた時、それは医学的なものでなく社会的なものであることが少なくありません。つまり、救急医療を受けられれば命が助かるという思いが、安易な救急搬送につながっているとも言えます。

　確かに入院によって病気を治せる可能性は高くなります。しかし、入院関連機能障害によって身体機能や認知機能が低下してしまえば、その人は生活や人生を失ってしまうかもしれません。もし病気が治ったとしても、家に帰れなければ、病床で生活を送ることになります。それでもその治療は成功したと言えるのでしょうか。

　大切なことは、加齢とともに低下していく心身の機能と上手に付き合いながら、できるだけ入院せず、できれば最期まで穏やかに生活が継続できるように、超高齢社会に最適化した「地域のケアサイクル」を作ることにあるのです。

●市町村の終活を考えよう

　私は、人口減少によって消えていく市町村があるのは致し方

ないと考えています。生き残れない市町村については、自治体ごとの終活を、そろそろ考える時期にきていると思います。すべての高齢者が「最期まで点滴や経管栄養で延命して欲しい」と言わないのと同じように、すべての滅びゆく市町村の人たちが、「あたらしい公民館や診療所をつくってほしい」とは言わないと思うからです。

20〜30年後には誰も住まなくなると言われている町や村があります。もし周囲に住む人が少なくて不便なのが嫌であれば、引っ越すことも視野に入れたほうがよいでしょう。あるいは病院も診療所も近くにはない、買い物には車で30分以上かかる、という不便な場所であっても、自分の責任で好きな町や村に住み続けることはできます。どちらがよいかという二元論ではなく、自分の意思で選択できることが大切です。

そこで都市部について考える時、東京都は「医療集中地域」ではありませんし、人口単位で言えば病院のベッド数は少ないほうです。むしろ都道府県別に見ると、高知県や鹿児島県のほうがベッド数は圧倒的に多い状況にあります。それと比例して入院患者数も今後も増える傾向にあります。少しでも空きベッドをつくらないようにしようという経営的な判断によって、さほど入院の必要がない患者さんが入院させられていることもあります。

いわゆる「医療格差」という言葉で一括りにするには幅があります。

若者が大勢働いている大都市には急性期病院が必要です。なぜなら、病気や怪我をしても治る見込みがある人たちの人数が多いからです。しかし、高齢化が進んでいて近くに大病院がない地域では、いざとなった時にどうするかを、日頃から一人ひ

とりが考えておくべきです。

　もし、病状が急変した時にすぐに救急病院に搬送してほしいなら、大病院がある地域に住む必要があります。大病院はないけれど診療所はあり、そこで自分らしくのびのびと暮らしたいのなら、その地域に残るという選択肢もあります。

　さらに言えば、例えば「近くの病院が赤字で潰れてしまったけれど、再建しないで診療所をつくろう」と地域住民がこれからの生活を自分たちで話し合い、選択することが重要なのです。その市町村を守るためだけに交通機関や医療機関といったインフラを整備するのは意味がありません。高齢化していく町を維持するためには、若い人たちが子育てをしながら働ける環境をつくる必要があります。働ける場所や通える学校がなければ、その町に住み続けることは難しいのです。

●本当に必要なものを考えよう

　たとえ高い報酬を払って過疎地に医師を呼び寄せても、地域の人たちが「何かあったら病院に行けばよい」と考えて、自身の健康を医療者に丸投げしていては、医師が疲弊するだけです。

　過疎地から医療的な支援をしてほしいという依頼があった時、それが本当に地域の利益になるのかを検討します。終末期の患者さんに点滴をするだけなら私たちの支援は必要ないかもしれません。終末期に必要なのは「点滴」ではなく「納得できる説明」です。どのような選択肢があるのか説明を受けたうえで、自己決定ができるということが大切なのです。

　このことを理解できていない政治家や行政の人が、「クリニックさえつくればなんとかなる」と考えているなら、考え方を改めてもらわないといけません。「先生に来ていただいたら、

経営に困らないようにどんどん住民を受診させます」なんて言うなら以ての外です。そもそも常設のクリニックが近隣になくても生活が成り立っていたのなら、それはそれで理想的な町と言えるでしょう。

　本来なら、訪問看護師がいてソーシャルワークの機能があれば、医師がいなくても生活は成り立つはずです。最近では「コミュニティナース」という専門職が、これまでの保健師のように地域のなかで住民の健康を守る役割を担っています。

　医師がいなければ生きていけない、病院がなくなってしまったら不幸になる、それは医療者が生みだした幻想にすぎないのです。私たち医療者が患者さんと向き合っているように、政治家たちにも地域の実状から目を逸らさないでほしいのです。

　死んでいく患者さんは自分の死から逃れられません。それでも「いい人生だったね」とみんなが思えるようにサポートすることはできます。そのような仕組みや体制を地域のなかにつくるのが政治家の仕事ではないでしょうか。本気で無駄な医療費を削りたいなら、医療機関に丸投げするのではなく、「本当に必要なものは何か」を議論すべきです。

専門職として輝きたくありませんか？

●自分らしく生きよう

　日本人は経済成長を目指してきましたが、経済成長と人間の幸福とは必ずしも比例しないようです。北欧で幸福度を調査したデータによると、幸福度が高いといわれている国々では、ある一定の経済的な豊かさは前提になっていますが、それ以上に身体的に健康であること、人間関係が豊かであることが大きな要素になっています。

　オランダで「ポジティブヘルス」という考え方が広まっているように、世界的に「健康」に対する概念が変わってきています。たとえ病気を抱えていても、自分自身が病気を受け容れて「わたしはこうありたい」と思って満足感をもって生きられるなら、それは健康な状態だと言えます。

　医療は、治せる病気は治し、防げる病気は防ぐという役割をもっていますが、実際に病気になった人に対するアプローチは違ってきます。どうすれば病気とともによりよく生きていけるか、どうすれば病気を抱えながら生きたい人生を生きられるか。その環境づくりをしてくことが、これからの時代には求められていきます。

　ですから、その人が暮らしたい環境で暮らせるようにコーディネートすることが、専門職にとって重要になります。身体的なケアを行いながら本人の能力を引き出し、家族にも協力してもらって近所の人にも関わってもらって、実力を発揮できる場をつくることです。介護の専門職としてできることは、ほんの

一部にすぎません。裏を返せば、だからこそ重要な役割を担っていると言えるのです。

　私が在宅医として伺わせていただく家庭の状況はさまざまです。生活保護を受けながら、都営住宅に親子3人で仲良く暮らしている人がいます。あるいは高級マンションの30畳もあるリビングで一人暮らしをしているおじいちゃんもいます。彼は息子さんと折り合いが悪いため、なかなか連絡が取れないことを嘆いています。どちらのほうがより幸せだろうかと考えてしまいます。

　人間関係が多様化したこの時代にあっても、「高齢者と若者が一緒に暮らす」「地域の人たちが老若男女分けへだてなく助け合う」ことはあり得ないという先入観をもつ人が多いようです。しかし、2011年の東日本大震災の後、「自分は一人では生きていけない」と気づいた人たちは、シェアハウスなどに共同で住むようになりました。同世代だけで集まると同じ話ばかりになってしまいますが、年齢差がある人たちと話していると世界が広がります。だから、わざわざ「もっと多世代で交わろう！」なんて言わなくても、自ずと社会のほうが柔軟に変わっているのです。これからも「コミュニティ」は必然的に活性化していくはずです。

●ビリーフチェンジしよう

　「わたしは幸せだ」と思える人とそうでない人がいます。どこに違いがあるのでしょうか。

　自立して生活できているとか、自力で歩けているから幸せだとは言えません。同様に、寝たきりだから不幸だとも言えません。「幸せ」とは、他者の決めた尺度によって規定されるもの

ではないのです。その人が「自分は幸せだ」と思えるかどうかが重要なのです。たとえ寝たきりであっても、幸せに暮らしている人はたくさんいます。

　寝たきりになったとしても、「おばあちゃんはおばあちゃんだよね」と言ってくれる人がいて、ありのままの自分を受容してもらえることは幸せな状況です。「今のあなたのままでいいですよ」と他者から肯定されることが肝要なのです。

　がんの患者さんたちは、自分の病気が治らないと知ったことより、思い描いていた人生と現実に大きなギャップを感じることが苦痛になるといいます。これは「医療モデル」で自分の人生を計ろうとしてしまうからではないでしょうか。必要なのは「社会モデル」や「生活モデル」へ転換することでしょう。

　「自立支援介護」の「自立」とは、「自身の足で立つ」ということに捉えられがちです。しかし、たとえ「自身の足で立つ」ことができなくても、「自立」することはできるはずです。その人が望む生き方を選択し、実行できれば「自立」は可能なのです。専門職がその手助けをすることが、「自立支援介護」と呼ばれるものなのです。いずれは誰もが寝たきりになるのですから、寝たきりになるまでの期間を身体的なリハビリテーションだけで延ばそうとするのではなく、その人が選択した生き方を尊重することが重要なのです。

　「ビリーフチェンジ」というマイナスの思考パターンをプラスに変える方法論があります。

　寝たきりでベッドの上から一歩も動けない男性がいます。しかし彼は、自分の一番の思い出である家族旅行をした時のことを何時も思い返すことができるため、少しも寂しくないと言います。老人ホームに入居する寝たきりの女性は、自分から出か

けることはできませんが、みんなが会いに来てくれるから楽しいと言います。どちらも寝たきりの状態で「自分の足で立つ」ことはできませんが、とてもポジティブな考え方で幸せに生きています。周囲の支援を受けながらも、立派に「自立」できているのです。

●全体のコーディネーターになろう

　都市部では訪問介護事業所とホームヘルパーが不足しています。新規開設の事業所も増えていますが、逆に廃業していく事業所も増えています。そうしたなかでホームヘルパーが高齢化し、若い人が入ってこないために壊滅的な状況におかれています。入所施設では介護職の奪い合いがあり、人材紹介会社が儲かる仕組みができ上がっています。

　どうすれば不足しているケアの担い手を確保できるかを考えた時、地域住民や元気なシニアを活用する方法をもっと模索すべきだと考えます。これだけホームヘルパーが不足している現在、専門職の力だけに頼っていては対応できないと思うからです。担い手不足を解消するためには「専門性を高める」ことと並行して「地域力を高める」ことが求められています。

　そこで、介護職でないとできないことと、地域住民でもできることを分けて考える。これは、介護職の待遇を向上させていくためにも、誇りをもって仕事に就いてもらうためにも、大事な視点です。

　介護職はきわめて専門性の高い仕事だと考えています。掃除や洗濯などの生活援助に専門性がないとは言いませんが、これからは重度の要介護者が増えていくため、もっと高度な介護にもチャレンジしていくべきでしょう。待遇面では他業種に遅れ

をとっている介護業界では、より重度の要介護者の介護を担える介護職に介護報酬を多く配分することで給与を上げていく必要があるでしょう。

　一方で、介護福祉士の資格をもたなくてもケアができる、いわゆる軽度の要支援者もいます。地域住民や元気なシニア等の地域資源で支えていく手立てを同時に考え、多職種のネットワークのなかで上手に役割分担ができるように、専門職は全体をコーディネートすることに徹する必要があるでしょう。

　2015年度の介護保険制度の改正によって、要支援1と2に認定されている高齢者のケアが「総合事業（介護予防・日常生活支援総合事業）」に移されました。この総合事業は、厚生労働省の定義では「市町村が中心となって、地域の実情に応じて、住民等の多様な主体が参画し、多様なサービスを充実することで、地域の支え合い体制づくりを推進し、要支援者等の方に対する効果的かつ効率的な支援等を可能とすることを目指すもの」とされています。

　「市町村が中心となって」と冒頭に示されていますが、介護職こそが総合事業の担い手として地域の活性化に寄与すべきでしょう。

●職場への啓発活動を広めよう

　介護サービスや在宅医療にどんなサービスがあるのか、どうすればうまく使えるようになるかを知らない人が大半ではないでしょうか。病気や障害の当事者になってから制度や就労について学ぶ人もいる一方、闘病しながら働き続けられる方法を知らないために仕事を辞めてしまう人もいます。

　日頃から高齢になったら、障害を負ったら、病気になったら、

というシミュレーションをすることが大事です。歳をとって介護を受ける時、どんなサービスが受けられるか、誰に相談すればよいかを知っておくだけでも違います。

　例えば、自分の親が認知症と診断された後、「そんな状態になったら精神科病院に行くしかないよ」と周囲から言われて、鵜呑みにしてしまう人もいます。適切な人とつながり相談できていれば、入院しなくて済んだケースは山ほどあります。

　たくさんの選択肢がある時代です。病気になっても仕事を辞めなくて済む方法はあります、障害を負っても一人暮らしをすることができる、といった正しい知識や情報を得ることです。

　特に職場内での教育が重要になります。人事・総務の人たちが「介護の相談窓口」をつくって必要なサービスにつなげていく必要があります。その際、困っている人に対して「大丈夫ですか？」といって相談にのるだけでなく、前もって「もう準備はお済みですか？」というお声がけをしておくべきでしょう。突然「明日から介護休暇をください」と言われたら、会社のほうも困りますから、まだ準備をしていない人には準備をしてもらいます。

　大企業で行ったアンケートでは、家族介護が必要になった時、どんなサービスを受けられるかわからないという従業員が大半でした。会社内に相談窓口があることすら知られていないのです。自分のおばあちゃんが認知症になったことを相談できれば、必要なサービスにつながって離職しないで済んだケースもあります。よくわからないまま介護休暇をとって自分で対処しようとしているうちに、仕事と介護の両立が大変になって、うつ病になって休職してしまうというケースは後を絶ちません。

　医療職や介護職は、地域の人たちへの啓発は行っていますが、

まだ職場の人たちへの啓発ができていません。専門職としてニーズがある領域をみつけて乗り込んでいく必要があります。最近では一般企業でもケアマネジャーの資格をもった人が採用されています。産業医や産業カウンセラーが企業を訪問するように、「産業ケアマネジャー」が力を発揮する時代になるでしょう。

●サポーティブケアをしよう

　終末期における「緩和ケア」は医療的なニュアンスが強いため、私は「看取り援助」という言葉をよく使っています。「看取り」という言葉には、「死にゆく人をただ見守る」というイメージがありますが、実際の看取りにおいて、「この先は医療が介入しても介入しなくても、残された時間は変わらない」という段階があります。治せるレベルの肺炎を発症したり、取り除ける痛みがあれば、医師は可能な範囲で治療を行いますが、この段階をすぎると医師にできることは、「生活の質を落とさない」サポートに徹することです。

　最期が近づいてくると、介護者から「診療回数を増やしてください」という希望があります。しかし、本来の看取り援助の姿は、どれだけ医療の介入を減らしていって自然な死に近づけていくかにあります。「死」とは、医療や医学のなかにあるのではなく、その人の生活の延長線上にあるのです。

　進行した認知症の高齢者には、肺炎の治療をしないほうがQOLは高くなるという論文がアメリカで発表されています。私は、終末期にある患者さんのご家族に、こんなふうに伝えることがあります。

　「肺炎を起こしているようです。でも、かなり認知症も進行していますし、ご本人も辛そうな表情をしていません。肺炎の

治療はせずに、最期まで口から食事することを希望されるならサポートさせていただきますが、いかがいたしましょうか」と。

　結果、誤嚥が起きても、亡くなられたとしても、本人が望む生活を支援できるのであれば、それでよいと考えています。安易に医療だけに依存せず、その人の生命力でその人の生活を充実させる、すなわちQOLを高めていくことが最も大事なのです。

　また、「緩和的なケアが必要になったら早い段階から始めたほうが余命は延びる」という研究データがあります。ところが、日本では「早い段階から"緩和医療"を行えばよい」と勘違いをしている人たちがたくさんいます。論文には「Palliative Care（緩和医療）」ではなく、「Supportive Care（支持療法）」を早い段階から行えばよいと書かれているのです。

　この「Supportive Care」には、「力づける、勇気づける、一緒にいてあげる」などの意味があります。たとえ死期が近くなったとしても、その人に「寄り添い、毎日を楽しく過ごせるように支える」ことが、「Supportive Care」の本質だといえます。本人が望まない医療行為を続けるより、はるかに意味がある支援方法です。

　1000ccの点滴をした場合と100ccの点滴をした場合を比べて、実際には生命予後に変化はないというデータがあります。しかし一方で「点滴をすれば元気になる」と思い込んでいる人が、本当に元気になるということもあるようです。

　その人の人生の物語のなかに「もう一度だけ会っておきたい人がいて、会うために点滴をして元気になりたい」という思いがあるのであれば、私も医療的なサポートをします。もし「医療行為を行うことが本人の安心感につながる」だけであるのなら、生命予後に影響はないための点滴は必要ないと判断するで

しょう。生命予後を改善しうるのは「本人の生きる力」であり、介護職の「支えるケア」であって、それは無味乾燥な「医学モデル」ではないのです。

　高齢者施設での看取りの場面では、介護職が「私たちが看取ったのだ」と自信をもって胸を張って言えるように、私は医療者として前面に出過ぎないように心がけています。そのためにも、介護職が看取りの知識とスキルを身に付けていけるように、医師として伝えるべきことは何かを日々模索しています。

これからの家族はどんなカタチですか？

●自由につながりあおう

　老々世帯が増えるなか、労働力に依存した家族制度は変えていかなければならないでしょう。同時にコミュニティの最小単位としての「家族」の再定義が必要な時期にきています。

　一緒に暮らしながらも結婚していない人たちがいます。シングルマザーの人もいます。友だち同士で住んでいる人も、シェアハウスに暮らす人たちもいます。

　スタジオジブリの映画『ハウルの動く城』のなかには、お城のなかに血縁関係にない人たちが集まってきて、魔女だったはずのボケているおばあちゃんまでが心地よく暮らしています。家族と暮らしているかどうかは、人間の幸せにとって大きな要素です。人が集まれば役割が生まれます。役割があれば生きがいが生まれます。

　最近の調査では、物理的には一緒に暮らしていない人でも、仲が良くなれば友だち以上の家族だと感じることがあるようです。困った時にエモーショナルサポート（情緒的な支援）をしてくれる人がいればよいという調査結果が出ています。世代を超えて、人種を超えて、性別を超えて、血縁による家族だけではないつながりがあるコミュニティの存在が今後、もっと認められることになるでしょう。

　先日、視察してきたドイツでは、家族介護に対して現金が給付されています。家族が介護をした場合、ホームヘルパーに依頼した時の給付額の半分くらいが、要介護者に現金として支給

される仕組みです。そのなかから要介護者は、介護をしてくれた家族に対して必要な費用を支払います。ここで言う家族とは、血縁関係者だけでなく、近所の住人や友人も含まれます。ドイツ人にとって「私が家族だと思う人」は、皆「家族」なのです。

　籍を入れているかどうかを重視する日本には「嫡出子・非嫡出子」という複雑な考え方があります。例えば、フランスにはそのような考え方はありません。事実婚が認められているために出生率が上がったことでも話題になりました。日本では親権などのルールが厳格化されすぎているため、離婚したくてもできないという問題が発生しています。

　これからは過去の伝統にしばられないで、自由につながり合うことができる時代になるでしょう。さらに少子高齢化が進んでいくなかで、「みんなにとっての孫」「みんなのおじいちゃん」という感覚で周囲の人たちと接することができる社会をつくることができたらよいと思うのです。

●つながりの質を高めよう

　「ソーシャル・キャピタル」とは、社会・地域における人々の信頼関係や結びつきを表す概念です。日本語では「社会関係資本」と訳されています。ハーバード大学のイチロー・カワチ教授は、健康格差に関する著書のなかで「人のつながりのなかにはよいソーシャル・キャピタルと悪いソーシャル・キャピタルがある」と述べています。

　悪いソーシャル・キャピタルは時にストレスになって、その人の生命に悪影響を及ぼす恐れがあります。その典型的な例が、昔の日本の「村社会」です。村八分にされたくないから嫌な関係であっても逃れることができない。これはよい人間関係とは

言えません。同様にタレントやスポーツ選手などの著名人が、名前が売れている時だけ友達のように近寄ってくる知人や親戚が増えるという話をよく聞きます。そのようなつながりもまた、人間関係を豊かにはしてくれない気がします。

ただしインターネット上でのつながりが増えてきています。リアルなつながりのほうが物理的な距離が近くて助け合えるとか、デジタルなつながりだからよくないとか、どちらがよいと一概には言えません。

インターネットには、緩いつながりも生まれています。よいソーシャル・キャピタルと言えるかも知れません。私には、何となく自分のことをわかってくれている、困った時にそれとなくメッセージをくれる友人がいます。思いもよらないタイミングで彼らの言葉に勇気づけられたことがあります。つながりとは距離感ではなく、「質」が重要なのです。

この「つながりの質」を高めていくには、相手に悪影響を及ぼさないことです。ここでいう悪影響とは、やりたくないことを強要するとか報酬で釣るといった、いわゆるブラックな人事管理の典型例のようなものです。

お母さんが「子どものためによい教育を受けさせたい」と思うのも、子どもが「お母さんを悲しませたくない」と思うのも、「この人のために力になりたい」という純粋な気持ちによるものです。その純粋な気持ちでつながっていると、そこにいる人たちは幸せになります。

人は「自分は誰かから必要とされている」「自分は誰かの役に立っている」と感じられることで自己肯定感をもつことができます。私自身、家族や恋人ではないけれど、それに匹敵するくらいの友人が、何人もいます。相手も同じように好意をもっ

ていると感じています。だから、一人暮らしで独身でも、孤独を感じずに生きていられます。

●関わることで幸せにしよう

これは名古屋市の南医療生協病院のエピソードです。

住んでいる家がゴミ屋敷になってしまい孤立している男性のケースです。行政の職員が様子を見に行って、何度もドアをノックしましたが、決してドアを開けてはくれません。どうすれば介入できるか行政の職員も困っていました。

ところが近所のおばちゃんたちがその人のことを気にかけてくれて、玄関先まで足を運んでくれます。おばちゃんたちは「ちょっと手伝わせてよ！」としつこく声をかけて、押し問答をしながらも、やっと掃除をさせてもらえるところまで漕ぎ着けました。ゴミを片づけ終えて「きれいになったでしょ？」と聞かれた本人は、「ありがとう」とボソッと言ったそうです。

きっとこの人はコミュニケーションがちょっと苦手というだけなのでしょう。社会との接点を失いかけている人を見つけた時、人間として劣っているといってレッテルを貼るのではなく、どんなふうに手を差し伸べれば輪のなかに戻ってこられるかを考えることが必要なのです。

市役所の人、ケアマネジャーさん、保健師さん、ホームヘルパーさん、看護師さん、いろいろな職種の人がいますが、彼らが出向いていくだけで物事が解決するとはかぎりません。むしろ、このケースでは「近所に住んでいる人たちがオレのことを心配してくれていた」という気づきが、本人の心を開いてケアを受け入れる動機づけになったと言えます。

たとえ、それが本人にとってはお節介でも、「"その人"を幸

せにするためには何が必要か」を真剣に考えてきたおばちゃんたちのほうが、行政の職員よりも一枚上手だったのです。

その結果、おじいさんはヒゲを剃って表に出てきてくれたそうです。ゴミ屋敷の存在によって生活に支障を来していた近所の人たちも、自分たちの努力が実ってホッとしています。地域のなかで小さな成功体験を積み重ねて、地域のなかに人間同士のつながりを築き直していく。それは時間がかかったとしても確実な解決策です。

もしも、おばちゃんたちが市役所に電話をして「ゴミ屋敷の清掃を依頼する」だけで終わっていたら、地域住民のなかに結束力は生まれなかったはずです。ますます本人は孤立を深めていったでしょう。積まれているゴミを撤去すればよいという話ではありません。ゴミを溜め込んでしまう人の気持ちや人生に寄り添って関わることが大事なのです。

自宅に閉じこもる人には、学生時代に友だちができなかったとか、仕事の失敗によって立ち直れなくなったとか、さまざまな事情があります。なぜそのような状況におかれてしまったのか、対話を通して本人の思いを引き出していきます。同じ地域の住民として寛容に関わることです。

時に専門職として"本人の困りごと"よりも周囲の人のことを考え、問題を解決しようとして支援が頓挫することがあります。認知症ケアの場面でも「家族が困らないようにするためにどうするか」を一番に考えてしまう人が多いと思います。大事なのは「本人が今、何に困っているか」を察知して、「本人にいかに手を差し伸べるか」を考え、関わることです。

行政の窓口は、高齢者福祉、生活保護、障害者福祉など複数に分かれていますが、支援の枠組みに当てはめて担当者を割り

振るだけでは、見えてこない側面があります。働けないから資金援助が必要なのか、働く場所が見つかれば資金援助は必要ないのかという行政的な判断だけでは、その人を本質的に支えることはできないのです。

　隣近所に住んでいる人たちに関心をはらわない地域では、住み心地がよくないばかりか、救急車やパトカーが来るたびに文句を言う人も出てきます。支援の対象になっている人を白い目で見るのではなく、自分たちの関わりが誰かを不幸にしてはいないか、自分たちの関わりで誰かを幸せにできないかと思いをはせる心のゆとりが求められています。

新たな価値を創造するチャンス！

高瀬 比左子×加藤 忠相

◆恐れすぎることの弊害

高瀬　今、求められているのは、新型コロナウイルスに対して、私たちは今後どのように正しく恐れていけばよいのかということだと思います。

　特に医療や介護の専門職にとっては、新型コロナウイルスは現在形であり、現場にウイルスを持ち込むリスクをどこまで回避していけるかや、その緊張感をどのように保っていくのかが課題だと思うのですが、どのように捉えていますか？

加藤　基本的には、抗体を得たわけでもないし、特効薬ができたわけでもないので、状況は何も変わっていません。だから、もちろん第2波、第3波が来たらどうなるかといった不安しかないし、現場としては、いかんともしがたい状況にあります。

　陽性患者が増えれば、すべての行動を止めるべきという考え方が当然出てくるし、一方では、止めるのは無理でしょうという話にもなります。病院や介護施設で面会ができないとか、誰かの結婚式にも葬式にも出られないとか、色々制限がありますが、結局、それをいつまで続けられるのかということだと思います。

　"あおいけあ"は、緊急事態宣言が解除された段階で基本的にはすべて元に戻しています。というのも、結局、弊害のほうが大きいのです。例えば、うちも利用率を下げて、スタッフの数も少なくして対応していましたが、結果、うちに来てるとちゃんとできているじいちゃんが、自宅だと水を飲まなくて脱水症状で倒れたり、それこそ職員が逆に変に縮こまってしまい、ろくに散歩にも行かないとか。別に散歩に行っ

たからといってコロナにかかるわけではないし、緊急事態宣言のなかでは、買い物やショッピングモールに行くことは止めようという話はしましたが、神社や公園に行くことは全然構わないと言っているのに行かなかったりとか。家族が「大丈夫ですよ。家でみますよ」と言ってくれてはいるけれど、やはりストレスでばあちゃんを怒鳴ったりすることで認知症状が進行するとか、そういうことが当然出できます。

　結果としてコロナじゃ死なないけど、他のところで身体的にどんどん弱っていくとか、抵抗力が落ちるとか、色んな弊害が出てきたため、「そこまで構っていられないよね」というのが本音で、結局、手洗いやうがい、夏でもちゃんと換気をするなどで対応するしかないというのが正直なところです。

高瀬　確かに、陽性者の数は減らない中、今の状況はいつまで続くのか、先が見えないですし、今行っている制限をいつまで続けられるのかという点はありますよね。さまざまな合併症を持つ高齢者の方のリスクが高いといわれていて、介護施設での各国のクラスターによる死者の情報などもあり、緊急事態宣言後も今までの日常を取り戻すことができていないところのほうが多いのではないでしょうか？

　未知のウイルスに対して、もちろん恐れるのは当然なのですが、恐れすぎてしまうことによる自粛の弊害の方がかなり大きいということですね。

加藤　そうですね。新型コロナウイルスに関しては、感染力が強いだとか、肺炎の度合いがひどいとか、血栓になるとか、色んな情報があり、やはり未知の部分ですごく怖かったし、未だ未知の部分がたくさんあるのだけれど、私たち介護職までが過度に恐れすぎることによって、他のところで弊害が出

てしまいます。

「外に出ましょう」とか「地域に行きましょう」と、やっと浸透してきた事業所や施設のよい動きが縮小させられてしまうのが残念です。自粛はしても萎縮をしてはいけないのです。

高瀬 そうですね。今まで、地域に開いていくという当たり前にできていたことが、何処かうしろめたい感じになってしまいますよね。それにしても、地域とつながることに対して、こんな風に制約を受けるとは思わなかったですね。

◆新型コロナを機に動き出す新しいサービス

高瀬 新型コロナの前から地域の資源は充足してない状況でしたが、新型コロナが発生して、ますます資源が枯渇していることが露呈されてしまったように思います。どうしたらよいと思われますか？

加藤 「無くて済むものだったら、無い方がいいのでは」と、逆に思ったりしますね。

今回、病院が結構困っていると聞きます。「健康診断しませんか？」と、うちに営業に来るくらいですからね。新型コロナの影響で、患者が病院に行かなくなりました。手洗いやうがいが徹底されて病気にならないとか、新型コロナが怖いからお薬もまとめてもらってるから行かないとか。赤字を出している病院が、結構、多いのではないでしょうか。

元々、行政も政治家も「病院を減らしましょう」と言ってましたよね。特に高知県や鹿児島はベッド数を減らした方がよいみたいな話が出てるなかで、新型コロナのためにベッドが足りないと言い出しました。神奈川県なんかベッド数で見ればワーストワンだけど、なんとか乗り切れてる状況自体が

あるわけです。

　だから本当に必要なものは残せばよいし、いらないものは元々無くてもよいものだったとも考えられます。

高瀬　そうすると真に必要とされる新しいサービスが、この新型コロナを機に生み出されるかも知れないですね。今までの現状維持のサービスではなくて、新しい形のサービスを生み出すチャンスともとらえられますよね。

加藤　そうですね。あったほうがよいのではと前々から思っていたもののが形になったり、発想の転換により、その流れに拍車がかかる部分はあるかもしれませんね。

◆自粛生活からの学び

高瀬　私たち専門職も外出することがままならない状況におかれた自粛生活の中で、高齢者の気持ちを当事者の立場に立って実感する経験になったように思います。この教訓をどのように活かしていけばよいと思いますか？

加藤　逆に言えば、喉元過ぎれば…ってことになるのではないでしょうか？

　結局、デイサービスは、ほとんど閉鎖したわけです。でも、本来、簡単に閉まっては困るはずのものだと思うし、本当に困った人たちがたくさんいたと思います。そもそも、ちゃんと継続できなければ、社会保障としておかしいですよね。お金は払ってるのに「提供できません」というのは、介護保険サービスとしてありなのでしょうか。なんとかして支え切ろうというシステムが、社会保障としてのあるべき姿なのではないかと思うのですが…。

　多くの人が地域包括ケアのことを対処療法だと思っていま

す。しかし、５年後、10年後の先を見越して、対処療法じゃないあり方を模索していかなければいけないと思いますね。そのためには、間に合うところと、間に合わなかった時でもちゃんと対応できる両方の処方箋を用意しておかなければ駄目だと思います。

　例えば、アリセプトなども認知症と診断されないと処方されません。でも、本来、阻害物質が溜まっていくのを除去する効果があるのだとしたら、認知症になる前から飲んでいれば、もしかしたら認知症になるのを防げるかも知れません。しかし、薬機法的には認知症にならなかったら飲めないとされています。

　「認知症になる前からどう準備をするのか」「なってからどうするのか」「なっても別に平気だよね」という、多様な対応策や考えをもてる状況が大切だと思うのです。

高瀬　対処療法ではなく、いかに備えることができるか、ということですね。

　目の前のことだけに追われていると、向き合う必要があることも見落としてしまったり、後回しにしてしまうこともありますね。実際、ぎりぎりのところでやっている現場も多いですし、取り組みたくても余裕がなかったり、何からどのようにはじめてよいか、わからないということも多いかもしれません。

加藤　情報をどう取るかの違いだと思います。その情報をどう分析するかが発想の鍵になります。

　色んな人と話をして、「あっ、そうなんだ」と感心したり、話を聞いて「それすごいですね。いいですね。マネしたいです」というのでは駄目でしょう。「自分だったらどうしよう」

とか「あの業界のあの話とくっつけたら、もっと上手くいくんじゃないか」という発想につなげられることが大事なのです。

　だから、介護畑にどっぷり両足を突っ込んでいては、駄目だと思います。軸足は、介護、ケアでよいのですが、その軸足をピボットにもう一方の足はあちこち違うところに突っ込むことにより、色んな発想ができるのだと思います。

　何か新しいものをつくりたいとか、推し進めたいものがある人は、自分でそのための方法を考えていかないと、当然進められませんよね。

　介護職だって、介護の勉強会や介護の集まりだけでなく、医療の勉強会だったり、経済学の話を聞きに行くとか、全然違う集まりに参加した方がよいですよね。新しい場所で得たものを、介護と組み合わせていくという発想です。

高瀬　他の業種のよい取り組みやアイデアをただ"すごい"と感心するだけではなく、どう自分の業界に関連付けて考えられるかという視点は大切ですね。他の業種の方と出会い、対話することで発想の転換や新たなアイデアも生まれるかもしれません。自分の叶えたい夢やビジョンがあるとよりつながりやすくなるように思います。ただ漠然とつながろうと思っても、他業種の方とは接点をつくるのが難しいですし、「私はこんなことをやりたいんですけど、一緒にやりませんか？」と声をかけるきっかけになるものがあるとよいですよね。

加藤　そうですね。毎日のルーティンワークを繰り返しているだけの人に、どれだけ魅力を感じるでしょうか。「私は、介護やってるんですよ」と言っても、「へぇー、大変ですね」で終わってしまいます。

「私は、こういうことに取り組んでいるのです」とアピールできれば、「だから、こういう風になってるんですね。すごいですねー」と相手が興味をもってくれます。そうでなければ関係性は築けません」。だから、「あなたの今の働き方は、あなたに本当に合ってます？」という問題提起をしたいですね。

◆オンライン化の未来はバラ色？

高瀬 新型コロナの影響でオンライン化がどんどん進んで、ネット会議とかが便利なツールとして飛躍的に活用されるようになったと思いますが、高齢者をはじめ、そこに乗り切れない方もたくさんいます。今後、オンラインをもっと活用するためにはどうすればよいのか。オンラインとオフラインをどのようにバランスよく活用していけばよいと思いますか？

加藤 正直、わからないですね。というのも、「Zoomでよかったんだよね」ということは、確かにたくさんありますよね。しかし、僕は会って話す方が好きだし、実際、パソコンの画面に向かってしゃべるのが本当は嫌なのです。

ただし、そもそも情報とは何かを教育のあり方を含めてトータルに考えていく必要があると思います。新型コロナの影響で私立学校を中心にタブレットを活用して、授業を遅れないでやっています。大学もほとんどオンライン授業に切り替わっていて、コロナが終わったとしても「このままでもいいんじゃない」という感じになってきています。

実際、僕も今日、大学の授業をオンラインでやってきましたが、学生にとってはオンラインの方が逆に質問がしやすいようで、現場での授業よりもすごい数の質問がきました。しかし、だからと言って、オンラインだけで授業が済むもので

もないし、情報は多様な伝え方があるべきだと、僕は考えています。

高瀬　確かにオンラインは好みが分かれるところはあると思います。実際リアルなカフェの常連の方のなかにも、オンラインは苦手という方がいらっしゃいます。実際に"あおいけあ"では、利用者とのオンライン上の取り組みは現状ではないのですか？

加藤　ありません。完全にオフラインです。否、オフラインは違いますね、完全に元のままです。別に会えばよいと思っているので、家族が面会に来るのも当然、止めませんでした。オンラインの面会など一切、活用しなかったですね。それを使うとなれば、「ばあちゃんたちに来るな」という話になるじゃないですか、「在宅にずっといてください」と。

　全然元気なじいちゃんだって、週2日来てたのが、週1回になっちゃうだけで、「他にやることねえんだよ」と言って、勝手にコーヒーを飲みに来たりしてましたからね。人間ってそういうものなんだと思います。

　結果論として、感染者が出なかったからよかったという部分もありますが、生活の場であるのだから「じゃあ、来ないで」と閉鎖をしたら駄目ですよね。だから、リアルとデジタルを併用していくような発想は、"あおいけあ"の日常のなかでは考えていないですね。

◆炙り出された日本の真の姿

高瀬　新型コロナウイルスは、日本のよい面も悪い面も炙り出したように思いますが、どのような点に注目されていますか。

加藤　新型コロナが浮き彫りにしたのは、日本はヤバイってことですよね。台湾なんかアッという間にマスクの実名制管理販売が導入されました。国民健康保険カードのIDナンバーでマスクが買えるシステムをつくって、アッという間にみんな落ち着いた生活になり、コロナも拡大しないで終わりました。

　対して日本では、未だにマスクも配り終えていないし（2020年6月17日時点）、給付金も来ないという状況があります。あらためて、「ヤバイぞ、この国」って感じますね。たぶんこの先もAIやIoTの普及はすごく遅いでしょうね。

　世界から見れば、日本は介護どころか、色んな面で何周も周回遅れだと思います。でも、私たちはなぜだか、日本はすごく進んでいると思っています。インドやアフリカの国々は発展途上国というイメージがありますが、実際には違います。むしろ私たちは、日本を先進国だと勝手に思い込んでいますが、ある意味ではとっくに後進国になっていますよね。残念な話ですが、Zoom会議をやって、「俺たちやっぱり進んでるな」と思い込んでる可能性が高いですね。

高瀬　日本がこのままIT後進国のままで、経済的にもどんどん落ちていき、人口も減っていくとすれば、どういう道を行けば、豊かさというか、本来の豊かさを手に入れられるのでしょう。今のままの価値観でいくと、どんどんみじめになっていくような感じがするんですよね。

加藤　実際　今のところ、政権も経済にしがみついてるような感じだと思います。政治を含めて価値観の人変革をしないと無理でしょうね。バーンとならないと無理じゃないですかね。「仕事だからと我慢して、暮らしのために働くことにも

う我慢できなくなりました」という人が増えています。そういう意味では、働き方の価値観も当然変わらなければいけないでしょう。

　経済だけじゃ回らないのです。伊豆半島の人たちは、ダブルワークが当たり前だったりします。喫茶店やってるけど、朝は市場で働いている人を見て、お金的に貧しいという風に感じ取るのか、それとも「畑もやって、漁とかしながら自然を感じながら生活するのは実はいいなぁ」という風に感じ取ることができるのか。介護職もダブルワークがちゃんとできるような状況にしたいですね。

◆新しい価値観の創造

高瀬　そうするとますます東京の一極集中から、どんどん地方に分散していく流れになりますよね。そうじゃないと豊かな暮らしはできないですよね。

加藤　新型コロナの影響は、大きいのではないですかね。リモートワークを導入した企業の多くが、賃貸料の高い都心部から出て行っています。「在宅勤務をするなら、東京でなくても長野でいいじゃん」ということです。

高瀬　コロナのおかげで時間がたくさんありましたし、自分と向き合う時間にもなりました。生活スタイル全般を見直すことができましたよね。

加藤　そういう意味では、新型コロナによって結構発見がありました。

　ここのところ、僕は目覚ましをかけなくてもよい生活になりました。毎晩のように夕飯つくったりだとか、よっぽど豊かな生活を実感しています。多分、ここ数年で一番、抵抗力

のある身体になっていると思います。寝てますし、食ってますし、「いいじゃん」と思える自分もいます。

高瀬 生活者としての自分を取り戻している方はコロナを機に多いかもしれないですね。"あおいけあ"へ就職を希望される方がとても多いと聞いています。加藤さんは次にどこを目指しているのですか?

加藤 介護事業に関しては、これ以上大きくしていこうとは、僕自身は考えていません。一方で、"あおいけあ"に学びたいという人はたくさんいますが、「マネしたい人は、どんどん各自でやってくれ」と思います。ただし、「マネをするのではなく、遥かに斜め上を行って欲しい」というのが本音です。僕自身も先輩から学んで自分なりに考えて、工夫してやってきました。しかし、それはもう僕にとって既に古い価値観になっています。飛躍するためには、新しい価値観を自身で創造しなければならないと考えています。

［2020年6月17日収録］

■

第3章

プラットフォームビルダーになろう！

加藤 忠相

行き詰まりを感じていませんか？

●「ケア」とは何かを考えよう

　「Re: CARE／ケアの再定義」が必要だと考えるようになったのは、閉塞感、行き詰まりを感じているからです。

　そもそも明確な介護人材の定義もなければ、教育そのもののあり方や、ステップアップの仕組みがケアの根本とつながっていきませんよね？　介護の専門職としての位置づけが曖昧な状態にあるのです。

　ところが僕たちは資格を取得することで介護の専門職になった気になってしまい、日々の忙しさにかまけて、自身の仕事を省みることや、ケアとは何かについて考えようとしなくなっているのです。

　ある意味で介護保険制度のとらえ方の問題なのです。多くの場合、介護事業者は「制度を守って仕事をしています」と言いますが、だいたいはウソです。守っているのは、「人員基準」や「設備基準」だけです。行政の側も人員基準や設備基準の監査は行いますが、介護保険制度の理念を守っているかどうかの監査は行いません。結果、無駄ばかりが増え、介護を受ける側もその家族も介護職も誰も幸せになれないのです。

　僕は大学を卒業し、花屋でのアルバイトを経て特別養護老人ホームで働くことになりました。働きはじめて感じた第一印象は、「何だ、この世界は？」といった驚きでした。そこでは普通では考えられない世界が、日常的に当たり前のこととして展開されていました。「介護」というフィルターを通すと高齢者

にどんな酷いことをしても構わないというのでしょうか。普通に生きていたら絶対我慢できないようなことも、高齢者に対してできてしまうのです。「我々は頑張っているんです。一生懸命なんです」と言いますが、それは思考停止に陥っているからです。「一生懸命やっているのだから仕方がないんだ」との言葉に、僕は大きな違和感を感じるのです。

実際、ツイッターの投稿などを見ると、「何で足蹴にされたり暴言を吐かれたりしながらも、笑顔でちゃんと対応しないといけないんだ」などと書き込んでいますが、一人称の立場で高齢者の気持ちを考えれば、我慢できないこととかを理解できると思うのですが…。

●その行動の理由を探そう

多くの特養では、何時には何を行うと細かく予定が立てられています。そんななかで、介護職側のスケジュールを乱す高齢者が出てくるわけです。色んな部屋に行って、色んな物を持ってきてしまったり、オムツを外してあっちこっちを汚したりとか、介護職はイラッとくるわけです。オヤツの時間なのに、忙しい離床の時間なのに「何でこんなことをやってくれるんだ」という具合です。

その立場で見れば、迷惑に思うことはわからないでもありません。しかし、介護職であるのなら本来、「何でおじいちゃんが怒っているのか」を考えるべきなのです。「何でおじいちゃんはオムツを外してしまうのか」「何が心配でおばあちゃんは色んなもの集めているのか」を考えないで、おじいちゃん、おばあちゃんを三人称でとらえて、「私たちは、あなたたちのためにやってあげてるんだから」という意識があるから、「余計

なことをしやがって」となるのです。

　自分だったらそれがどれだけ苦痛で我慢できないことなのか、一人称で考えればわかることではないでしょうか。例えばデイサービスなら7時間もじっと座らせておいて、認知症の人が出歩こうとするとそれを徘徊だ、問題行動だと決めつけます。決定的にイマジネーションが足りないのです。長時間座らされていれば、お尻や腰が痛くなるのは当たり前です。誰だって普通に歩き回りたくなります。あなたなら7時間座っていられますか？

●一人称でとらえてみよう

　そもそも介護教育も看護教育も医学教育も、教育において一人称で学ぶことは少ないでしょう。「困っている人がいます。さてどう支援しましょう」みたいに三人称の教育が大部分だと思います。

　介護実習も学生が要介護高齢者として体験入所してみたらよいのではないでしょうか。学生に「オムツをつけて短期記憶障害で20歳だと思っている要介護高齢者になってください。はい、若い男性職員が入ってきます」という状況でオムツ替えの技術演習をしてみてください。20歳じゃなくたって嫌でしょう。

　他の業界であれば、消費者の立場に立って考えます。車を買ってもらうためには、シートは皮がよいのか、ファブリックがよいのか、真剣に考えます。多くの業界で「おもてなし」にこだわるのもそうでしょう。しかし、介護業界は待っていればお客さんがたくさん来るから、お客さんに喜んでもらおうとか、不快にならないようにしようと考えないのです。それが福祉だからと当たり前になってしまっているのです。

結局のところ、今の介護職はケアを行うにあたり、何を行えば成功なのかわからないのではないでしょうか。例えば、朝10時にお茶を入れて12時に昼食と、この時刻にはこれを行うというルーティンを毎日やっている。自分たちの決めごとを優先して、誰のために、何のために仕事をしているのかがわからなくなっているのです。

　多くの介護職が、おばあちゃんやおじいちゃんが好きだからとか、人の役に立ちたいからとこの仕事を志したのだと思います。ところが現場に立つと、お年寄りはつまらなそうで役に立っている気もしないし、むしろ嫌がられているのではと感じます。世間の状況も含めて誰からも評価されません。

　国のせいにするつもりではありませんが、国として「介護職の仕事とはこれである」とか、「ケアとはこうすることである」と明確に示すべきでしょう。それができていないことに、すべての問題があるのだと思います。

「1周遅れのトップランナー」でよいですか?

●我が事として考えよう

　日本の高齢化率は、近年急速に高まりました。介護期間は長期化し、次第に重度化するようになってきました。そして、少子化により家族の人数が減り、家族全員が就労するなど、家族形態が多様化し、かつては多くの家庭で行われていた家族介護ができなくなりました。

　そこで、国が「介護を社会化しよう」と決め、社会保障として2000年から施行されたのが介護保険制度です。社会保障として、国民は介護保険料を支払うことが義務となり、その代わりに介護が必要になった時には、介護保険サービスが利用できるという、医療保険と似た仕組みがスタートしたのです。

　介護を社会化することは非常によいことだと思います。しかし、介護＝介護保険制度であるとされると、それはそれでいびつに思います。よく「介護保険料を払っているのだから、もっとサービスを手厚くしろ」というような声を聞きますが、僕なら「100％満足したければ全額自費でサービスを受けてください」と言い返すでしょう。

　介護保険制度は介護保険料だけで成り立っているわけではありません。介護保険の財源[※1]は保険料50％、公費50％です。つまり、税金で半分も賄えています。しかも、サービスを受けて支払う費用については、多くの人は費用の1割負担であり、最大でも3割にとどまります。特別養護老人ホームなどの施設は、運営する法人に対しても税金の優遇制度などがあり、税に

支えられた制度であると言えるのです。

　介護保険料さえ払っていれば、万全な介護を受けられる、何も考えなくても、専門職がサービスを整えて存分に提供してくれるのが当然と思う国民が増えたことは、介護保険制度の失策だと思います。

　介護保険も医療保険も、本来は地域社会で人が生きるための社会保障の1つでしかなく、高齢者が生活するための資源はもっとほかにもたくさんあると認識すべきではないでしょうか。

●自助努力をしよう

　もしも介護保険制度がなかったら、日本は現状どうなっていたのでしょう。実は、アメリカをはじめ、台湾や中国、シンガポールなど、公的な介護保険制度のない国は数多くあります。

　台湾の裕福な家庭では、インドネシアなどから就労のために入国した外国人を家政婦のような形で雇い、在宅を中心に介護が行われています。金銭的に余裕のない高齢者は、ご近所同士で協力し合っています。安否確認のためのブザーがアパートに設置されていたり、地域で介護の一部をカバーし合ったりしています。

　アメリカは公的な医療保険制度も介護保険制度もない国なので、予防の意識が強いのです。病気にならないよう日頃から気をつけ、歯科などは健診をこまめに受けて、悪くならないように自ら努力しているといいます。

　つまり、介護保険制度がない国は、自助努力をするしかないため、さまざまな工夫をこらし、生活の維持を実現しています。しかし、日本はどうでしょうか。介護保険に公費を注入しながらも増え続ける高齢者に対応しきれず、サービス利用者の負担

を全員 1 割から、一部 2 割や 3 割に増やすなど、財源の雲行きはあやしい状況にあります。それにもかかわらず、このサービスに頼りきるイメージで生活している人が多いのではないでしょうか。

　どこの国の介護の状態がよくて日本が悪いなどと単純に比較することはできません。しかしながら、今の日本の介護の状況は、自分たちだけが「日本の介護はすばらしい」と思い込み自画自賛しているように見えてなりません。介護保険制度がはじまって20年、模索しながらやってきて、キーワードは「地域包括ケア」「地域共生」。つまり、「地域でみていきましょう」なのですが、アジア各国にある「地域」がなくなっている日本の状況は、「1 周遅れのトップランナー」なのです。

　何より、日本は「地域」を失いつつあります。本来、介護にしても子育てにしても、自分の住む地域の人たちとともに助け合いながら担うのを基本とすべきだと考えます。それこそが「社会化」です。しかし、介護保険制度が施行されてからも、ますます地域社会での人間関係は希薄となり、介護の社会化に遅れをとっているのです。

　僕は、この「1 周遅れ」を挽回することは難しいと考えています。全速力で周回遅れを挽回するにはある意味、介護保険制度を「利用しすぎない」努力と、それらをカバーする地域力が必要ですが、すでに「利用しすぎない」は外堀から埋められて実現できません。「そんなことをしたら施設や事業所が倒産する」「在宅医療のクリニックや薬局も倒産して経済は大混乱になる」という言い訳の声が大きいからです。

●社会構造や経済への不安をぬぐおう

　国民が介護保険制度を頼りにし、介護保険制度さえあれば安心だと思い込みたい気持ちの背景には、今の日本の社会構造や経済への不安があることもまた、理解できます。

　例えばスウェーデンでは、所得税と住民税を合わせると収入の半分くらいを税金として徴収されると言いますが、高い税金を支払っていても、歳をとって働けなくなったら国が面倒をみてくれるという安心感があります。

　しかし、日本では介護保険料を払っても、年金をもらっても、将来が安泰だとは思えない人が多いのです。その上、政府から「年金プラス2,000万円が必要」などという話が出てくると、ますます不安をあおられます。

　2019年10月に消費税が10%に上がりましたが、一体これで何が保障されるのでしょうか。5%から8%に上がった時も、1%は子どものために使われるとされていましたが、実際に「子どもが幸せになった」と実感できている人はほとんどいないと感じます。結局のところ、軍備に使われるのではないかと、疑心暗鬼になります。

　本来、消費税は「目的税」なので、使うべきところは決まっているはずなのに、そこがモヤッとしていて、実感につながらないことが問題です。ただただ痛税感のみが残ります。

　ある著名な経済学者は、消費税を更に増税し、財源を11兆円程確保すれば、医療費や介護費は無料、教育費も大学まで無料、介護職と保育士の給料も上げられると試算しています。今以上の消費税の増税はきついと思うかもしれませんが、これが実現されれば将来に不安を感じて無理にお金を貯めなくてもよ

いし、ある程度自分の食べる分を確保し、安心して生きていけます。預金を考えなくてよいのなら子どもたちのために稼いだお金を使う、欲しかった趣味の物を買うなど、消費も活発になり、経済がしっかり回っていくと説いています。

　今、日本人の多くは自分を「中流の上」と思い込んでいますが、世界的にみると、今の日本の状況は必ずしも中流ではなく、下級の上、という感じではないかと思っています。

　「日本人は貧しい」という認識の上に、今後の日本を創成していくべきと思います。2,000円万円貯められなくてもハッピーに生きられる社会をつくらなければいけないと思います。

※1　介護保険の財源
介護保険の財源の内訳は、公費50％については原則市町村12.5％、都道府県12.5％、国25％となっている。社会保険料としては、第1号保険料が23％、第2号保険料が27％である。

誰のために、何のために働いていますか？

●「仕事」と「活動」で豊かな社会をつくろう

　介護保険制度の理念や、自立支援の理念を実践しようとしても、ルーティンワークが優先されてしまうのは、事業者や施設のトップに問題があるからだと思います。

　介護職の質を上げるためには、まずは社長とか理事長の質を上げる方が先決でしょう。実際、社会福祉法人の理事長などは、勉強会にほとんど出てきません。それなのに「職員には研修に行かせたい」と言います。何を学ぶべきかがわかっていないトップが、一体、何を学ばせるために職員たちに研修に行かそうとしているのでしょうか。

　ハンナ・アーレント[※2]は、「働く」には3つあると言います。

　1つめは「労働」、消える価値のために働くものが「労働」です。消える価値の筆頭は、お金でしょう。嫌な仕事でも8時間頑張って仕事をして、その対価でもらえるお金で余暇を楽しみましょうというのが労働です。

　2つめが「仕事」です。自分の振る舞いが社会の役に立つとか、新しい未来に役に立つとかわかってやっていることを「仕事」と呼びます。

　3つめが「活動」、社会や人のために自らやりたくてやるものです。ボランティアがこれにあたります。「活動」はお金ではなく自身の満足感のために働くことと言えます。

　「活動」や「仕事」が多くなれば多くなるほど、その社会は豊かな社会と言えるでしょう。最初の「労働」に関して言えば、

報酬のために働いているのだから、介護報酬が減らされたために これまで通りに働いていても報酬が少なくなったとなれば満 足が得られないことになります。それが不満になるのでしょう。

●個別に価値ある仕事をしよう

例えば、産業革命以前のヨーロッパの寺院の建設現場では、 職人たちは師匠に教えを乞いながら、見よう見まねで石を積み 上げ、彫刻を施していきました。勿論、上手くできる者ばかり ではありません。下手なレリーフもあちこちにできてしまいま すが、結果的に職人たちは、「この建物は俺たちみんなでつく った」と言えました。

しかし、産業革命以降は、生産性、効率性が最優先されて、 作業も細分化され分業にされてしまいました。「あなたは土台 だけ、あなたは柱をつくる、あなたは壁紙を貼るだけ、あなた は配線を通すだけ」となり、誇りをもって「この家は俺がつく ったんだ」と言える人は誰もいなくなりました。

だから仕事をしても楽しくない、お金をもらう時にしか楽し くないと思う労働になってしまったのです。経済状況が悪化し て、お金が簡単にもらえない時代になると大変なことになりま すね。お金をもらえなくなる替わりに、どのように自分たちの 仕事のやりがいを構築していくのかを考えないといけない。世 の中が生産性や効率性を盾に縦割りになり、介護や医療も生産 性とか効率性と言うけれど、家に帰って一秒でも早くうがいを して、コーヒーも全部インスタントで済まし、サトウのごはん をチンしてという効率を追求する生活を送っている人がどれだ けいるのでしょうか。

ところが実際に、高齢者は効率的な生活を強いられているの

です。それで「私たちは、高齢者の生活を支えている」と言えるのでしょうか。ケアそのものが生産性や効率性に侵されてしまっているのです。

　介護職として働く側も「３Ｋだ。４Ｋだ」と言われ、「何で私はこんな仕事に就いているんだろう？　社会の底辺じゃないか」と諦めきって、仕事ではなくて労働に成り下がっていませんか？

　労働では、たくさんの部品でできている時計を不良品を出さずに正確につくり上げるのが目的です。そのため生産性、効率性が重視されます。しかし、ハンドメイドの一品物の時計をつくるとなれば、例えば研磨作業に多くの時間を掛けるなど、仕事をすることになります。つまり、その時計を使う人の満足感や喜びを考えるのが目的になります。

　介護の仕事も同じです。高齢者一人ひとりに対して価値ある仕事をすることが大切なのです。

●失敗から学ぼう

　同じ規格であることが尊ばれ、個別の仕事に価値を見出せないなかで、パーソン・センタード・ケアと言っても、実践できるはずがありません。介護は、実に難しい仕事です。高齢者の最適な生活を考えながら支援していくには、多くのことを知る機会が必要です。しかし、残念ながら今の介護職にはその機会があまりにも少ないと思います。

　そもそも人間が成長する時は、何かの失敗をした時です。上手く行かなかった時に、どうやれば上手く行くのかを考えることができます。それを経験というのですが、介護現場ではマニュアルばかりで失敗する経験を奪っています。

航空や軍事等の分野で「高信頼性組織」という概念があります。原発もそうです。高信頼性組織においては、小さな失敗でも多くの人が傷ついたり、死に至る可能性がとても高いのです。だから、高信頼性組織での仕事は、失敗ができません。そのため入念なシミュレーションを繰り返し、失敗するケースを何度も想定して備えます。過去に起こった事故は、失敗であると同時に考えるための財産でもあります。

　介護や医療も高信頼性組織と言えるのかも知れません。簡単に失敗することは許されません。しかし、失敗を共有することは、その人にとっても組織にとってもとても大切なことなのです。悪いこととして封印するのではなくて、「こうすれば上手くいくよ」ということを共有すべきなのです。しかし、だいたい悪いものとして、失敗を個人に帰属させて終わらせているのではないでしょうか。

　失敗を共有しないから誰も成長しない。失敗したことすら認めない。失敗することを認めてくれない現場で、どうして人が成長するのでしょうか。飛行機事故の原因究明のように、絶対にこれが原因だという答えもなく、結局、原因もなんだかわからないから、失敗を人のせいにしてしまう。介護現場でも医療現場でも施設や病院という組織の責任ではなくて、担当したその人の責任にされてしまいます。「失敗の原因をちゃんと話し合いましょう！」ではなくて、その人を非難するだけです。

　表面的にトラブルがないように隠すのではなく、「失敗を分かち合って、話し合いましょう」という組織であるべきです。貴重な失敗の経験が職員と組織を成長させるのです。そうでなければ、どんどん八方塞がりになってしまいます。

●生活をデザインしよう

2000年に介護保険制度が施行されてからは、介護の仕事はサービス提供ではなくなりました。ばあちゃんの部屋を掃除するのではなくて、ばあちゃんと一緒に掃除をして自立支援をするのです。僕たちがお茶を入れるのではなくて、どうしたらばあちゃんが自分でお茶を入れられるのかを考えるのです。

「ばあちゃん何歳」と聞くと、「私は、20歳（はたち）」と答えます。短期記憶障害で20歳に戻っているのですから、そのばあちゃんに電子ポットを出して「お茶を入れてくれ」って頼んでもできるわけがありません。ロック解除もできないことが多いでしょう。だからばあちゃんとホームセンターに行って、「どんな電子ポットがいいかな」って選んでもらって、「この柄がいい」という旧式のポットを買ってきて、ばあちゃんに「お茶入れてよ」って頼めば、「しょうがないわね」って初めてお茶入れるてくれるわけです。

自立の手伝いをしているのです。そうした環境をつくるのであって、「お茶を入れること」がケアの目的ではありません。そのばあちゃんができるように環境を整え、必要とされているのだって思えるようにデザインするのです。

「一緒にしましょうね」となって、初めて介護職の仕事になるのに、10時になったらお茶を入れましょう、12時になったら食事にしましょうと未だにやっているのがそもそもおかしいのです。

※2　ハンナ・アーレント
Hannah Arendt（1906年－1975）は、ドイツ出身の哲学者。

1941年、ナチズムが台頭したドイツからアメリカ合衆国に亡命。1958年に出版された『人間の条件』のなかで、人間の活動的生活（vita activa）を構成している「労働」「仕事」「活動」について言及している。

サービスプロバイダーのままでよいと思いますか?

●一気に大転換しよう

そもそも「ケア」の意味は「気に掛ける」、語源はラテン語で「耕す」です。相手の持っている資源を耕すのがケアであって、相手の生活がちゃんと上手く行くように気に掛けるのが僕たちの仕事なのです。だから「10時になってお茶を入れて、頑張ってますよ」というのは、ケアではないということです。

「いつまでサービスプロバイダーの発想で仕事をしてるのでしょうか?」

この問い掛けこそが、現在の介護の一番の問題であると僕は思っています。障壁が色々とあるのでしょう。でもどこかで変えないと駄目ですよね。何か大きなインパクトを与えて、一気に大転換しないと、この局面を変えることは無理ではないかと思います。

元々、江戸時代に3,000万人だった日本の人口は、明治維新で西洋から保健・医学が入ってきたことによりコレラなどの疫病での大量死がなくなりました。そして、その後の100年間の間に戦争を挟みながら人口が1億2,800万人まで増えて、次の100年間で4,000万人まで一気に減少します。今は、スキー場の一番テッペンから降り始めたところで、踏み外すと転がってしまう状況です。

この200年間は異常な時代だと思います。上りの100年は、労働人口が増えて景気がよくなりました。その頃は介護も福祉として、税金を使ってみてあげますという時代でした。1963

年に施行された「老人福祉法」は、日本のまだ数の少ない高齢者を税金を使ってみてあげる、マイノリティに対する支援、福祉だったわけです。市町村がサービスの種類や提供機関を決める措置制度であり、利用者自身がサービスの選択をすることはできませんでした。つまり、自立の理念からはほど遠いものでした。そのため介護職の仕事は療養上のお世話、つまりサービスプロバイダーでもよかったのです。

●社会全体で支え合おう

介護保険制度が始まった2000年からは、高齢者が増えるというよりも若い世代の人口が減って、高齢者数はあまり変わらないけれど分母が減っていくから高齢化率が高まっています。

人口が減少すると社会の活力が失われ、日本はこの先どんどん貧困になっていくでしょう。明日から女性の労働力が2倍になっても、残念ながら人口は数百年減り続けます。

前述の通り、かつての介護は福祉でした。介護の必要な高齢者をみてあげることになっていました。ところが2000年からは「福祉」ではなくなり、高齢者を介護することは「社会保障」になりました。

「一人ひとりにはお金も十分な支援もないから、みんなで保険として貯めたお金を必要な人が出てきたら使い、社会全体で支え合おうね」という形です。みてあげようという、優しさのものではないのです。

必要とする高齢者のためにお金を使って、高齢者の状態がよくなる。そのための仕事をすることが、介護保険制度下の介護職の介護なのです。にもかかわらず、未だに「やってあげている」と勘違いしている介護職や管理者が世の中に大勢います。

2000年にこちら側に移ってきた社会福祉法人のなかにも、サービスプロバイダーの意識のまま介護保険制度に突入してきてしまったところが多いのではないでしょうか。そして、それらをモデルにサービス提供している営利法人なども多いのでしょう。でも僕たちはサービスプロバイダーのままであってはならないのです。

●介護保険制度の理念に立ち戻ろう

2000年に介護保険制度が始まった時、介護業界の周辺は当初、「介護保険って何なのだ？」と俄然注目しました。

介護保険法第一章総則第一条には、こう書かれています。

> この法律は、加齢に伴って生ずる心身の変化に起因する疾病等により要介護状態となり、入浴、排せつ、食事等の介護、機能訓練並びに看護及び療養上の管理その他の医療を要する者等について、これらの者が尊厳を保持し、その有する能力に応じ自立した日常生活を営むことができるよう、必要な保健医療サービス及び福祉サービスに係る給付を行うため、国民の共同連帯の理念に基づき介護保険制度を設け、その行う保険給付等に関して必要な事項を定め、もって国民の保健医療の向上及び福祉の増進を図ることを目的とする。
>
> （筆者傍線）

そして、介護給付に関しては、第二条2項と4項で示されています。

> 2　前項の保険給付は、要介護状態等の軽減又は悪化の防止に資するよう行われるとともに、医療との連携に十分配慮して行

われなければならない。

　4　第一項の保険給付の内容及び水準は、被保険者が要介護状態となった場合においても、可能な限り、その居宅において、その有する能力に応じ自立した日常生活を営むことができるように配慮されなければならない。

（筆者傍線）

　つまり、「じいちゃんやばあちゃんを元気にする仕事なんだ」とみんなが理解したはずです。

　例えば、日本で初めて設置されたグループホームは、「少人数の認知症の方が一緒に住んで、ごはんも寝るのも一緒にして、できないところを一生懸命支えながら認知症の進行を遅らせるところ」と紹介されました。

　ところが実際のところ、日本では人員基準や設備基準しか見ようとしません。全体像は示されているけれど、役人も管理者も人員基準と設備基準しか見ようとしないから、たくさんグループホームはできたけれど、ほとんどが挙げ膳据え膳の従来型のサービスプロバイダーになっています。

　僕はよくこのように言われます。「"あおいけあ"さんは重度化している人がいないですよね。元気な人ばかりですよね。認知症の人いないじゃないですか。うちは車いすばかりでもっと大変なんですよ」と、要介護状態の低い高齢者を集めているように言われます。

　しかし、"あおいけあ"は介護保険制度の理念を守りながら、要介護状態をどう維持していくか、どのように元気にしようかと考えながら仕事をしているだけなのです。結果として、要介護状態を軽減していき、重度の高齢者が少ないというだけなのです。

どれだけの事業者や施設が、高齢者を少しでも元気にさせるためのサポートができているのでしょう。多くは安全性や生産性や効率性だけを考え、できなくなるのを待って、動けなくさせているように思えてなりません。基本的に車いすは移動のための道具であって、室内で一日中使うものではないですよね？ずっと座っていれば、歩けなくなりますし、ベッドに２週間寝かせていれば、筋力はだいたいなくなります。

　1963年の老人福祉法のやり方は、僕たちの仕事ではありません。2000年からフルモデルチェンジして福祉から社会保障制度になったのです。ところが多くの介護事業者や施設が療養上のお世話にとどまっています。これは間違いなくトップの意識の問題だと思います。

　そもそも専門職に掃除をさせたり、お茶を入れたり、食事を出させるなどのお世話を中心とする業務に就かせることに意味があるのでしょうか。このような労働を繰り返すために介護福祉士という国家資格をつくったのでしょうか。一方では虐待等の事件が起きると、「介護福祉士の質が低いからだ」と言う人たちがたくさんいます。

　介護福祉士の質が低いのではなくて、サービスプロバイダーとして働かせているトップのレベルが低いのです。

「地域」とは何だと思いますか？

●「人のつながり」で介護を実践しよう

　20年間、介護保険制度を続けてきて結局何に辿りついたか
というと「地域包括ケア」と「地域共生」です。国はここに来
て、「地域でなんとかしましょう」と号令を掛けはじめました。
しかし、そもそも「地域とは何か」を定義しようとすると、意
外にも答えは出てきません。

　地域とは、自治体なのか自治会なのか、向こう三軒両隣のコ
ミュニティーなのか。いまだに明確にならず、なんとなく「地
域」という言葉を使っているようにも思います。

　そもそも、現代人のなかで、自分の住んでいる町にしっかり
と根付いて生活している人がどれぐらいいるのでしょうか。職
場は地域にはなく、満員電車に揺られて都会に移動し、帰って
くるのは夜遅く、長い時間を地元で生活するのは週末しかない
という人たちが多いのが現状です。また、田舎の地域性が嫌で、
都会に居を構えた人たちも多いでしょう。そう考えると、住民
を巻き込んで「地域共生」ができるのかは、疑問ではあります。

　"あおいけあ"のような居場所が、全国どこにでもあるかと
言えば、そうではありません。日本経済も芳しくなく、将来も
どうなるかわからないなか、他人のことなど気に掛ける余裕も
ないのでしょう。そうした状況で、よく知らない隣りの人と「地
域をつくりましょう」などと言っても難しいことは当然のこと
です。

　しかし、国の経済や政権を大きく変えようとするのが難しい

としても、何とかつくっていけそうなのは、僕たちの居場所なのです。お互いを気に掛けることができる居場所をつくるしか、ないように思うのです。

"あおいけあ"では、いつも来ている3歳の子どもがばあちゃんの入れ歯入れを持ってきたり、時間になれば杖を渡したりしてくれます。地域包括ケアとか地域密着サービスとかいう言葉がなくても、多くの人が居心地のよい場所はつくれると思います。

現状では、障害者も高齢者も地域でスムーズに共生するのは、なかなか難しいかもしれません。「地域づくりをしてください」と自治体が住民に呼びかけ、意識の高い人がコツコツやっていくパターンか、もしくは災害になって各自治体にボランティアが集まってくるようなパターンか、いずれしかないようにも思います。

つまり、居場所づくりや、地域づくりは、一朝一夕にできるのではありません。何年もの時間が掛かることもあります。困難であるとしても、今この時から取り掛からなければならない最大の課題だと思います。

●生きる価値を見出そう

日本では地域コミュニティーが崩壊して久しいのですが、アジアの国々には未だ地域コミュニティーがあります。地域コミュニティーがあるから地域でなんとかできていますが、日本は地域づくりから始めなければいけないから、やはり1周も2周も遅れた状況なのです。

今の政権は「世帯収入」が上がっていると言いますが、昔はお父さんが1人で働いた世帯収入でしたが、今の世帯収入は夫

婦2人で働いた収入の合計となる家庭の方が多いのではないでしょうか。そうしたなかで何を価値として残せるのでしょうか。それは労働ではなくて仕事でなければならないし、活動として評価されるものでないといけないと思います。

　介護に置き換えると、10時にお茶を出す作業はロボットやAIがやればよくて、介護職がすべきことは、どうすれば高齢者が生きる価値を見出せるのかをクリエイティブに考えることです。そうでなければ、ある意味で介護職の生き残る道はないと思います。

●文化の違いを理解しよう

　1年ほど前に経済産業省の方から、「日本の介護をアジアに売りたい、もっていきたい」という相談を受けました。1周遅れの日本の介護だから、僕は「恥ずかしいからやめた方がいいですよ」と応えました。それでも、「その辺りも含めて会議でお話しいただけないか」と懇願されました。しかし、海外に進出したい事業者を前に「やめた方がいいです」と話して何かが変わるとは思えませんでした。実際、多くの企業が中国に進出して、撤退することになりましたね…。

　そもそも国ごとに文化をはじめ、国情がまったく違うのです。特に介護人材にはお国柄が強くでるように思います。

　例えば、中国人は死をとても忌避します。タクシーの運転手に「葬儀場に連れて行ってください」と頼むと、「乗るな」と言われます。だから、葬儀場に行きたい時には、近くのデパートなど別の建物を指定して降ろしてもらわないと連れていってもらえないのです。それぐらい死という概念は避けるべきものなのです。

だから、介護施設では「看取り」なんて言葉は絶対駄目だそうです。亡くなるのは病院で、お金をかけて病院で亡くなるのがよいこととされるのです。儒教精神により親にお金を掛けることがよいことなのです。

　韓国もそうですが、親が子どもに「介護の仕事をするぐらいなら、仕事をしなくていい」と言います。あんなに家族愛が強い国なのに、いざ認知症になると姥捨て山みたいに山の中の特養に入れてしまうケースが多いようです。

　日本の介護をもっていったとしても、日本の至れり尽くせりの介護をやりたい人材はいません。中国では介護職として働くのは50歳代以上が一般的です。20歳代などは絶対に介護の仕事に就きません。若い人が高齢者の身体に触るなんて絶対にありえないのです。マネジャーとして働くことはあっても、現場ではないのです。

●タイムバンクの仕組みを活用しよう

　介護職の高齢化という課題に対して、上海市などは市のレベルで「ネイバーズ制度」や「非公式介護」などの対策を行っています。

　ネイバーズ制度とは、高齢者を２人組ませて、元気な方が元気でない方の面倒をみるというものです。各市で登録制にして、元気な方が面倒をみるのです。元気な方はボランティアだけれど、タイムバンクにより活躍した時間で自分にポイントが入って、それを自分が介護を受ける時に使えるのです。

　非公式介護とは、上海で講師の先生が一般人に対して介護の仕方を教えて、その一般人が介護保険ではないけれど高齢者の介護をするというものです。これもポイント制になっています。

海外は、日本のよいところも悪いところもよく見ていて、日本を真似するのではなく、日本の失敗を含めて研究しています。だから、台湾も日本に遅れて介護保険サービスをはじめる時に小規模多機能型サービスしかやろうとしませんでした。デイサービスと言っても、結局はレスパイトサービスにしかならないことを研究して感じとっていたのでしょう。

　ちなみに元々、タイムバンクの考え方は日本から出たものらしいのですが、残念ながら日本では定着しませんでしたね。

専門職に必要な専門性とは何だと思いますか?

●じいちゃんやばあちゃんをキラキラさせよう

　"あおいけあ"には、全国から多くの人が見学に来ます。なかには「今すぐ、ここで働きたい」と希望する人もいます。入社を希望してくれる人が多いのは、とてもありがたいことですが、「"あおいけあ"に来れば、私はステキになれるんだ」と勘違いされてしまうのは困ります。また、数多く面接を行うなかで、「資格を一杯もっています」とか「キャリアがあります」という自信満々な人たちほど、実は介護の本質的な理解が浅いことが多いことにも気づいています。むしろ、この点では、意外に初心者の方が上手く行くことがあります。

　人事採用は、本当に難しいものです。介護職としての一定のスキルがあれば、まったく務まらないというわけでもありません。しかし、その人の介護職としての特性とか、考え方とか、これがあるから何々できるという知識やスキルは、実は資格でもなければキャリアでもないのです。

　介護職としてどんな魔法を使えるかを知りたいのです。しかし、それは見てわかるものではないし、どれだけ長く面接をしてもわかるものではありません。たぶん、自分のことを一番わかっていないのは本人なのでしょう。

●多様性に興味を向けよう

　昔のように三世代が同居する家庭は、今ではほぼありません。じいちゃんやばあちゃんがだんだん弱ってきて最期を迎える様

子を目の当たりにするとか、両親共働きで家に帰っても、お母さんが「おかえり！　おやつあるわよ！」と迎えてもらうことも少なくなりました。兄弟姉妹が5人も6人もいるような家族はほとんどなく、家族単位で感じられるものがなくなってきています。

　日本の標準世帯は、両親と子ども2人になっていますが、両親も共働き、実際には1人っ子の家族が多く、家庭の中で多様性を感じられることがありません。学校に行けば、学力でクラス分けがされて、特別支援学級で分けられて、同じような学力や境遇の者同士しか交わらない環境になっています。

　仕事においても、専門職集団の中だと多様性なんて気づきません。何よりも割合で言えば一番が単独世帯、1人暮らしが圧倒的に多い状況ですから、多様性を理解しづらいのが今の日本です。

　家族の孤立化と同時に、世の中ではあらゆるところで分断が起きています。産業革命以降、分業化により生産性、効率性を求めることが当たり前になっています。ソーシャルワーカーは、そうであってはならないと思うのですが、実際には細かく分けられています。メディカルソーシャルワーカー、コミュニティソーシャルワーカー等、ソーシャルワーカーのなかで役割ごとに分断されています。「私の担当窓口は、ここです」と。

　自分の仕事や役割をちゃんと知っていることはよいことだと思いますが、それ以外に興味がないことに問題があるのです。「私は介護職だから」と他の分野のことに興味がありません。介護の研修には行っても、看護や医療の研修に行く人はほとんどいません。なかには看護師の資格を取るような真面目な介護職もいますが、結局、資格を取れば今度は看護のなかに落ち着

いてしまいます。横のつながりの問題なのです。同族の専門職集団で集まって、介護福祉士会、看護協会から出ようとしないケースをよく見ます。

●プラットフォームビルダーになろう

　介護福祉士や看護師などの専門職の専門性は、本来は幅広くしなければいけないものだと思うのですが、鋭くしようとすることばかり考えていないでしょうか？　「私の専門はこれだけですからと、それ以外は他に行ってください」ということが横行していませんか？　生活を見るということは、病気や予防のことを、口腔ケアや栄養のことを知っていたり、保険や年金、法律のことを知っていたり、あらゆることを知っていて初めて生活を支えられるのです。だから、「私のトランスファー技術はすごいのよ」と言った段階でアウトですよね。「俺の理学療法のエビデンスはすげえだろ」なんて、自分の専門性を研ぎ澄ませているようで、実は「そこだけしか見えません」と言うようなものだと思います。人は健康になることが、生きる目的ではないですよね？

　介護福祉士と理学療法士とか、介護福祉士と看護師とか、それぞれのA軸とB軸を掛け算ができる専門職がそうそういないのが残念です。だから連携することが難しいのでしょう。みんな自分の軸から外れたくなくて、他の勉強をしたくなくて、自分の軸しか語らなくなる専門職が多いのです。目の前で起こっている事象のことを考える方がもっと専門的で先進的ではないでしょうか。

　例えば、僕だったら大きすぎるブランドのロゴはダサいと思います。ワンポイントの小さなロゴの方がカッコイイと感じま

す。「私は介護福祉士でーす！」みたいなのはちょっと恥ずかしい…。介護福祉士が隠れている方が本物の専門職だと思うのです。

　そもそも病院で働いている人は、看護師も作業療法士も理学療法士も、勿論、医師もそうですが、一般の人からみたら皆、同業者みたいなものです。おじいちゃんにとっては、医療と介護は一緒のものなのです。例えば、治すことができない病気をもつおじいちゃんに医師ができることは、口腔ケアと死亡診断書を書くことぐらいでしょう。そのおじいちゃんを前に「連携が大事だ」と言って、医師にはそれ以上できることはありません。

　だから、必要なことはそのおじいちゃんが「幸せ」に天寿をまっとうできるかどうかにフォーカスすることで、そのために専門職は、じいちゃんやばあちゃんが地域で生活できるプラットフォームをデザインする、「プラットフォームビルダー」になるべきだと思います。

　実際、僕自身は介護福祉士の資格をもっていないし、大学時代に取得したのは社会福祉主事任用資格だけで、あとは運転免許しかもっていません。ただの「介護屋のおやじ」として20年近く"あおいけあ"を運営してきましたが、僕自身には資格の必要性を感じることはありません。自分に問いかけるのは、「プラットフォームビルダーになれているかどうか」だけなのです。

●認知症が当たり前の時代にしよう

　ところで、「認知症について説明してください」と問われて、１分程度で端的に説明することができますか？　介護の専門職

であれば、ちゃんと相手に理解できるように説明できますよね？　認知症は腹痛や鼻水、くしゃみと同じ"症状"であって病名ではありません。何らかの病気が原因で脳の細胞が萎縮し、記憶障害、見当識障害、理解・判断力の低下、実行機能の障害などが起きているのです。

　認知症の人は基本的に、これまでの自分と違うことに困っています。アセスメントに基づいて、よい環境とよい心理状態をつくり、その人が困らないようにするのがケアの仕事です。

　例えば、人物の見当識障害があるのに、スタッフが全員同じユニフォームを着ていたら、困らせているのと変わりなくないですか？　正しく認知症を理解し、ケアをしてほしいと思います。

　これまでは、認知症は特別な症状で、「なったら大変、なったら迷惑をかける」という認識だったかもしれません。しかし65歳以上の認知症高齢者数と有病率の将来推計をみると、2012年は認知症高齢者数が462万人と、65歳以上の高齢者の約7人に1人（有病率15.0％）であったのが、2025年には約5人に1人になるとの推計があります[※3]。また一方で、90歳以上になると7割が認知症になるとも言われています。

　僕は、障害はその社会のなかで少数派（マイノリティ）であることだと思っていますが、90歳以上になったら、認知症であることはごく普通の状態でマジョリティだとも言えます。認知症になっていない人の方が、「加藤さんはおかしい」と周囲から見られるようになるかもしれません。

　認知症に関する情報も多くなりました。かつてのように「認知症になったら人生がおしまい」という恐怖感は失われていくでしょう。特別なものではなく、当たり前のものとして理解が

深まれば、介護職も正しいケアが実践できるでしょう。

※3　認知症高齢者数と有病率の将来推計
内閣府平成29年度版高齢社会白書（概要版）
https://www8.cao.go.jp/kourei/whitepaper/w-2017/html/
gaiyou/s 1 ＿2 ＿3.html

自分が輝くものをもっていますか？

●自信がもてるものを１つでももとう

　小学校３年生くらいの時に、チェッカーズの藤井尚之さんがサックスを演奏するのを見て、カッコいいと思ったのをきっかけに中学校からブラスバンドに入り、サックスを吹いていました。高校受験にあたり吹奏楽部が強いという理由で学区外の県立高校を受験し、入学することになりました。そもそも当時の関東地方では、県立高校の吹奏楽部が全国大会に出場することはありえないことでした。私立高校は、優秀な生徒を青田刈りをして揃えますし、高額な楽器をもって、専属の先生に就いて習っていたりします。だから初心者が一杯入部するような県立高校が全国大会に出場することは夢のような話なのです。

　吹奏楽部でのはじめてのオーディション、先生や先輩の前で演奏して、その結果でコンクールのメンバーが選抜されるのです。顧問の先生は元NHK交響楽団の奏者で、入部したての僕からみれば雲の上の人です。何よりも、滅茶苦茶コワイ先生だという噂が耳に入っていました。そんな先生たちの前で吹くのだから、ものすごく緊張したのを今でも覚えています。

　オーディションを終えて昇降口のところにいると、先輩が走ってきて、「先生が呼んでるから、もう一度音楽室に来い！」と呼ばれました。「何だろう、怒られるのかな」とバクバクしながら音楽室のドアを開けて先生の前に座ると、先生はこう言いました。

　「お、加藤くんか。君、うまいね」と元Ｎ響の神様みたいな

人の言葉です。その瞬間、僕の世界がガラリと変わりました。気の弱い、他に何もとりえのない僕でも、神様に褒められたのです。「もう、サックスしかない！」と朝に昼に夜にわき目もふらずに練習にのめり込みました。

●生き様にならおう

実は僕が卒業してから2年後に、その先生がガンであることがわかりました。あんなに血気盛んだった先生がみるみる痩せていくのを目の当たりにし、部員や僕たちOBも辛い毎日でした。この年、入退院を繰り返す先生に代わりOBが指揮を振り、後輩たちはコンクールに参加しました。そして、関東大会を突破し、全国大会への出場権を得ることができました。

この結果を聞いた先生は、「全国大会の指揮は、ワシが振る！」と言いました。ご存じの方も多いと思いますが、オーケストラというものは指揮者によって大きく変わります。同じ演奏者でも、カラヤンが指揮するのと小澤征爾が指揮するのとでは、奏でる音が全く変わってきます。それがわかっているから、先生は「ワシが振る！」と決意したのでしょう。

痩せ細って点滴を打つ先生がどれだけ頼んでも、入院先のドクターは首を縦に振りません。それは当然でしょう。しかし、先生は何度もドクターに交渉しました。やがて「一時退院させてください」「それはできません。コンクールに出るのは無理です」と大喧嘩になり、最後にはドクターは「一時退院したいのなら、責任をもてないのでうちの病院から退院してください」と匙を投げたのです。先生は指揮を振るために退院しました。

当日、「吹奏楽の聖地」である普門館（東京都杉並区、2018年閉館））には、痩せた体にダボダボのタキシードを着た先生

がいました。ベッドを入れて、卒業生で看護師になったOBが付き添うなか、とても演奏時間の12分間を立っていられないくらいの姿でしたが、先生は舞台に上がりました。

鬼気迫る演奏でした。今日でも、名演奏と呼ばれる演奏で、20年以上の前の演奏ですが、2018年にラジオ番組で吹奏楽の番組があり、歴代の演奏のなかで第1位に評価されるほどの素晴らしい演奏だったのです。

●望みを叶える仕事をしよう

先生はしばらくして亡くなられました。あの日、もしかしたら体力を使い果たしたことが、死期を早められたのかも知れません。しかし、1日でも長生きするために先生を病院に閉じ込めることがよかったのでしょうか。本当にやりたいこと、命をかけても果たしたいことがあるのに、無視をして管でつなぐことが先生の幸せだったのでしょうか。

専門職が決めるのではなく、本人が「自分の命」を最後までどう使うのかを決める。それを支えるのが専門職の役割であり、専門職が決めるのではないはずです。

僕の介護に対する考え方、死生観の根底には、この先生の生き方がいつもあります。そして、"あおいけあ"のスタッフの想いも同じです。

デイサービスに来ていたあるおじいちゃんは、すい臓がんに冒されていました。誰も言葉を交わしませんでしたが、余命は後わずかだと誰もがわかっていました。そんななか、ご家族がどうしても出掛けなければならなくなり、一晩おじいちゃんをお預かりすることになりました。すると、そのおじいちゃんは、「最期の思い出に温泉に行きたい」と言ったそうです。

あいにく僕はその時、出張で藤沢を離れていましたが、女性の職員から、「これからおじいちゃんを伊豆の温泉に連れて行きます」と電話がありました。

　「行ってもいいですか？」ではなく、「行きます」と。おじいちゃんが命をかけてやりたいこと、最後の想いを叶えたいから、おじいちゃんを伊豆に連れて行きました。

　もう食が細くなっていて、何を提案しても食べようとしなかったおじいちゃんが、旅館の食事を旺盛な食欲で食べたそうです。しっかりと温泉を楽しみ、帰宅され、そして、しばらくして亡くなられました。

　吹奏楽の先生には、遺言がありました。それは、「OB楽団をつくってほしい」ということでした。長年顧問を務めた高校が廃校とともに吹奏楽部がなくなってしまうのが忍びなかったのでしょう。僕たちはすぐに集まり、OBの吹奏楽部を結成し、今も週1回集まって練習をし、夏と冬の大会に出場しています。

　　※この吹奏楽部の物語は、2017年夏のTBS日曜劇場『仰げば
　　尊し』のドラマのヒントにもなった。音楽を通した教師と生徒
　　たちの熱い交流とそこで起きた奇跡が描かれている。
　　https://www.tbs.co.jp/aogeba-toutoshi/

QOLを評価できていますか?

●自己責任を尊重しよう

　今のケアは、基本的にじいちゃん、ばあちゃん本人が不在なのだと思います。認知症の本人が施策に対して、「そんなことされると困ります」と発言できる場がありません。当事者団体が「介護保険の制度はこれでいいですよ」って認めないと施行されないというシステムもありません。ケアプラン1つつくるのでも、本人がこうしたいというプランをつくるのではなくて、家族とケアマネジャーがそうに違いないと考えるプランをつくっているのが現状ではないでしょうか。

　「あなたはここが欠けているからここをなんとかしてあげますよ」「あなたは歩けないからここ」「あなたは認知症だからここ」と、本来は残っている部分が大切なのにもかかわらず、できないことをどうかしようとします。本人がやりたいことや、残っているストレングスを使ったプランにするべきで、「やりたいのなら、ケガをしても別にいいじゃん」と、そうした事故なら事業者や施設は、社会的な責任をとらなくてよいと思います。「認知症の方が山登りをして滑落してしまいましたが、これは自己責任ですよね」って言えるくらいのプランをつくっていかなければいけないと思います。そもそも転倒や誤嚥を「事故」と考えるのが違いませんか?

●自立とは何かを正しくとらえよう

　「自立とは何か」を正確に伝えることが重要です。多くの場合、

自立支援そのものが目的になっています。こういう方法をとったら、こういうゲームをしたら何点上がるとか、筋力が何パーセント上がるとかは、どうでもよいことで、自立支援はその先にあるのです。その人が何を獲得するのか、再び獲得することができるのかが重要なのです。自立支援と名前が付くと、すぐに「この体操をすればいいんですよね」みたいになりがちで、気を付けなければなりません。

　要するに、システムをつくって高齢者を当てはめようとしてしまうのです。例えば、畑があるからおじいちゃんに野菜つくってもらいましょうとなってしまうのです。そうではなくて、その人が何をしたいのかというリソースから考えなければいけません。

　そもそも1人ひとりにパーソナリティがあって、まったく違うものなのです。「この人は元々駄菓子屋さんだったから、駄菓子を売ってもらいましょう」「この人は農家だったから、畑をやってもらおう」であればよいのだけれど、「駄菓子屋があるから、おばあちゃんやってね」「畑があるから、おじいちゃん野菜つくって」というのはズレています。その人だからこれをやってもらうというところでパーソナリティが尊重できるわけです。ところが、「こういうレクリエーションがあるから、どれをやりますか」と考えてしまうのです。

　ただし、リソースから考えれば、必ずしも上手くいくとは限りません。例えば、油絵をやっていたばあちゃんだから、「じゃあ、画材を買いに行きましょう」と誘うと、ニコニコして画材を買いに行きます。「どれにしようかしら」とまたニコニコしながら画材を選びます。画材を買ってきて、いざ油絵を描こうとしますが、イメージ通りに描くことができません。すると、

「もうやめた」ということもあります。

　このような失敗はいくらでもありますが、失敗できること、エラーができることが大事なのです。トライ・アンド・エラーで職員は成長するのです。失敗しないで成長するのはとても難しいことです。

●その人の強みを活かそう

　その人の強みを活かせる環境をデザインしたいと思いますが、その強みはどんなことでもよいと思います。歩けるとか、喋れるとか、車に乗れるとか、特別なことである必要はないのです。それよりもじいちゃんやばあちゃんに少し不自由だけど手も足もあるのに、食欲もあるし、排せつ能力もあるのに、お茶もごはんもトイレの時間までも決められて、上げ膳据え膳の生活にしばりつけることの方が問題なのです。

　そんな生活は辛いと思いませんか？　人の世話にならなくてもトイレに行けるように、お茶を入れられるように、たまに面倒臭い時にはお茶を入れてくれる関係性があることがよいのです。弱みを見せると、とたんに何もできない人にさせられます。「歩けない」と言うけれど、「本当に歩けないのか？　歩けなくさせているだけじゃないのか？」というケースはいくらでもあります。

　できないことにして歩かせてはだめとか、悪いところを探して悪いところにばかりに働きかけようとする専門職があまりにも多すぎます。「歩けないから、歩行訓練が必要です」「認知症だから、見守りが必要です」というケアプランをよく見ますが、僕はそんなプランで回復した高齢者をほとんど見たことがありません。ごはんの度に手引き歩行で歩くとか、トイレの度に歩

加藤 忠相　|　171

くという方がよほどよいでしょう。できないことを前提に支援すれば、本人がお茶を入れる必要までなくなってしまいます。結果、本当に入れられなくなってしまうのです。

●きめ細かなアセスメントをしよう

　"あおいけあ"では、ADL項目にレ点をつけるようなチェックシートでアセスメントは行いません。こうしたチェックシートでは、「何ができないのか」を数え上げていくことになります。両手が上に上がらない、咀嚼が上手くできない、杖歩行だなどです。本来は、どんな歌が好きで、どんな時に笑って、この好物だとしっかり噛んで食べて満足そうだとか、「この人は何ができて、何が好きなのか」ということを把握しなければならないのです。

　さらにその人のパーソナル情報をしっかり見ていこうということで、最近はツリーでその人らしさを細分化して見ていこうという手法を取り入れています。

　"あおいけあ"に来るじいちゃんやばあちゃんは、最初の3か月でどんどん変わっていきます。スーツ姿で山高帽子をかぶり、周囲と話もしなかった男性が、数日で職員と仲良くなり、スウェットの上下を着て、職員と入浴するようになります。

　時系列に変化する情報も盛り込みながら、身体的な基本情報や生活情報だけでなく、かつて携わっていた仕事や家族・親族との関わり、過去の思い出、さらに好きなこと苦手なこと、イタリアンが好きとか日本酒が好きとか、人の悪口を言わない性格だとか、クリスチャンのなかのクリスチャンだとか…。

　現在、複数の職員が見て感じたこと、知ったことを次々に追加して上手くまとめられるシートをAIの研究者の方に協力し

てもらって開発しています。誰が追加しても齟齬がなく、きめ細かくその人の情報がわかるように、尚且つ手がかかりすぎないシートの作成を目指しています。

　ADLのチェックシートでできないことを数え上げても、自立支援の情報とは真逆になります。高齢者の弱点探しのようなものです。そんなシートでアセスメントしていると、全員に折り紙をやってもらうようなレクリエーションにしかなりません。それぞれのパーソナル情報をしっかりとれば、車いすに乗せてお絵描きさせること、毎日機械で無理やりトレーニングすることがどれだけおかしいことかわかるでしょう。

自分の居場所を見つけられていますか？

●活き活きと働こう

高校時代は、部活動にどっぷりだったので、浪人することは決めていました。大学は史学科に行きたいと考え勉強していましたが、ある日、祖父に「歴史の勉強がしたい」と話すと、「歴史じゃ飯は食えないだろ」と諭されました。僕が「だったら花屋さんで働きたい」と言うと、「お前に継がせるために保育園をやっているのに何だ！」と強く叱られました。

祖父は、自分がはじめた保育園を本家の長男である僕に継がせようとしていたのです。その僕が「花屋さんで働く」と言うのだから、祖父が怒るのも当然です。おじいちゃん子だった僕は、祖父の想いに従い、東北福祉大学に入学することにしました。社会福祉主事任用資格を取れればよいぐらいの感じでしたが、子どもの教育の勉強もし、高校の地歴科教員の教育実習にも行きました。

ところが大学３年生の時に、祖父が急逝しました。その後、父が保育園の理事長に就いたのですが、僕が大学を卒業する間近に保育園は人手に渡ってしまいました。そのため卒業して戻るなり、仕事がない僕はニートになってしまいました。「これはじいちゃんが好きなことやっていい」と言っているんだろうと考え、子どもの頃から好きだった花の店で働こうと、横浜にある種苗会社の販売店でアルバイトを始めました。

そこでの僕は活き活きと働くことができ、一番人気のお兄さんでした。植物の育て方なども詳しく、ちゃんと説明するから、

奥様方がみんな喜んで、一度にたくさんの花を買ってくれました。

とても楽しい職場だったのですが、人材登録をしていた県の社会福祉協議会から電話がかかってきて、しばらく無視をしていたのですが、「無視をするならもう紹介しません」と言われ、アリバイづくりのように入ったのが特別養護老人ホームでした。

介護保険以前でしたが、その施設は昔ながらの「お世話型」、サービスプロバイダーの施設でした。食事介助、排せつ介助、入浴介助などのお世話だけに注力し、短時間にどれだけできるかを価値基準とするような施設でした。

僕はと言えば、仕事も「つまらねえ」と思って積極的に働かないし、上司から目をつけられる、どうでもよい職員でした。実際、3年近く働きましたが、1度も研修に行かせてもらったことがない駄目な職員だったのです。

●一歩踏み出してみよう

介護保険制度が始まる前の年の1999年、書店の介護コーナーで平積みされていたのが、グループホームに関する本でした。新たにグループホームという居場所が誕生する。「認知症の人と買い物に行ったり、掃除や洗濯をして過ごす——」、これならできそうだなと直感的に思ったのです。

「よし、グループホームをつくろう！」と、どのようにつくればよいのか情報もありませんでしたが、これならできるかも知れないと思い、勢いだけで一歩踏み出しました。

僕は25歳で結婚したのですが、独立開業というよりは、自分と妻の職場をつくるためだけに会社をつくったという感じです。2001年に"あおいけあ"を設立し、認知症対応型のグル

ープホームを設立しました。

　振り返ると、滅茶苦茶な人生かも知れません。グループホームをつくっていなかったら、今頃、何をしていたのだろうと考えます。20歳前半の頃はどの面接にも落ちて、社会不適格者みたいに思っていました。他に何もできる気がしませんでしたから、崇高な理念とか人脈もまったくありませんでしたが、なぜかグループホームだけは上手くつくれると思えたのです。

●偏見のない居場所をつくろう

　僕はあまり地域という言葉を使いません。確かに、じいちゃんやばあちゃんが住んでいる場所は地域なので、周りの人たちは地域という言葉をよく使います。しかし、地域包括ケアと言っても介護保険だけでカバーできるものではありません。

　例えば、要介護度3のおじいちゃんが、杖を突いてデイサービスに通っています。おじいちゃんは、マシンを使って運動して筋骨隆々になって「はい、あなたは卒業です」とったとしましょう。しかし、筋骨隆々だけでは生活はできません。これまでのように近所の方におかずをもってきてもらうとか、ゴミ出しの声がけをしてもらうとかがあって、はじめて生活ができるのです。介護保険だけじゃ見切れないから、それがわかっているから地域包括ケアなのです。

　だから、"あおいけあ"でやっていることは、大括りで言えば地域包括ケアなのでしょうが、正確に言うのであれば、認知症に対する変な偏見も先くす居場所を つくっいるのです。施設の壁の中から我々のことを理解してくださいとか、認知症カフェを開催するから来てくださいと言うのではなく、何時でもアクセスフリーで遊べる場所、コーヒーが飲める場所、ごはん

が食べられる場所をつくっています。特別な福祉のイベントではなく、「行きたいね」という場所にしたいのです。

そして、そこで地域の人たちが見る風景が、認知症のばあちゃんが茶碗を洗いながら子どもの面倒を見ている風景であれば、「ワーッ、認知症の高齢者だ！　あんなふうになりたくないわね」とは決して思わないでしょう。「歳をとればこうなるんだ。認知症って普通だね」と感じてもらえる場所なのです。

●形よりも感覚を重視しよう

日本は世界的に見ても、社会保障の手厚い国だと思います。しかしながら、その社会保障の多くは高齢者に向けられたもので、子どもや障害者にはあまり行きわたっていません。また、子育て世代への支援が少ないのも日本の社会保障の特徴です。僕は介護屋として、この状況をよくないと考えているので、介護という高齢者のインフラを使って、子どもや障害者や地域の方が普通にいられる場所をつくりたいと考えているのです。

例えば、障害のあるお子さんが"あおいけあ"にいるとしても、僕は障害者支援事業所をつくろうとはしません。障害のあるお子さんが「ここにいたいな」とか「ここにはいられるよね」という環境をつくることを第一に考えます。

基本的に一人称で僕がいたい場所をつくっているから、簡単に言えば、それが「居心地がいいよ」と思ってくれる人たちが集まって来てくれるだけなのです。鍵は全部空いているけれど、"あおいけあ"で過ごすじいちゃんやばあちゃんはどこにも出て行こうとはしません。

確かに、僕の一人称が障害の子にすべて共感されているのかどうかはわかりません。ただし、僕には相手の気持ちが「わか

らない」という自覚があります。たまに「あなたの気持ちがわかります」という福祉職の人がいますが、むしろ嘘臭く思えてしまいます。三人称の立場から、本当の意味での他人の辛さなど絶対わかるはずがありません。僕は昔から、障害のある人のことをあまり障害者と思っていません。だから「ごめんね、"あおいけあ"はバリアフリーじゃなくて」という感じです。バリアフリーがどうしても必要なら、そうすればよいのでしょう。しかし、僕が居場所をつくる時は、形ではなくて感覚を重視します。「"あおいけあ"に来てもいいよ」と思ってもらえればそれでよいのです。

　子どもたちも「たまに怒られるけれど、ここで遊んでいいんだね」と集まって来ます。すると色んな子たちが来るようになります。不登校の子が今日も来ていますが、ここに集まる子たちは、「ワーッ、不登校の子がいる」とか、「ワーッ、障害者だ」とか言いません。

　認知症の人もたくさんいらっしゃいますが、みんな同じことを二回ぐらい言いますが、普通のばあちゃんだと思っています。あの人は認知症、あの人は半身まひといった入り方でなく、普通に〇〇さんとして接しているのです。遊び道具もブランコとかジャングルジムではなくて、バスケットボール1個とビニールプール1個があるだけです。それでも子どもたちも、そのお母さんたちも安心できる居場所なのです。

つながりを大切にしていますか？

●多くのロープでつながろう

　おかあさんと障害者の子どもの話です。

　子どもにとってロープでつながっているおかあさんは、なくてはならない存在として共依存の関係にあります。そのため、おかあさんに怒られてロープが切れてしまうと困る立場にあるため、支配的な関係になってしまうのです。ここには自立はありません。

　仮にお母さんがいなくても、子どもが地域社会と何本ものロープやヒモでつながっていて、「1本が切れても平気だもん」というのが自立なのです。近所の人がたくさんいて、その人たちに助けてもらう、そうしたつながりをたくさんつくることをデザインするのが介護の仕事なのです。つまり、ソーシャルワークをするのが本来の仕事なのです。

　地域の人たちが理解して支えてくれる環境をつくりましょう。一緒に掃除ができるのなら、竹ぼうきを買って近所の公園に掃除に行けば、ばあちゃんは社会資源になります。地域の方に「ありがとう」と言ってもらえる存在になります。施設の庭で花を植えていたらレクリエーションだけれど、地域に出て公園とか街路樹とか市民病院の花壇に花を植えれば、ばあちゃんたちは「花いっぱい運動」をしていることになります。

　ばあちゃんが自分でお茶を入れられれば「帰りたい」と、何処かに行こうとはしなくなります。「ここで必要とされているんだ」「大事にされているんだ」「ここにいていいんだ」と役割

と居場所があるから、鍵を閉めて閉じ込める必要はないのです。

　それなのに「出て行っちゃうかもしれないから鍵を閉める」とか、「認知症の人は大変だ」とか言って、7時間も座らせておいて、「帰りたい」と言えば、「帰宅願望が強すぎる」とか、お尻が痛くて大変だから歩き回るのを「徘徊」と決めつけるのは、つながりを遮断しているだけなのです。

●どんなきっかけでも大切にしよう

　実を言えば、僕自身、グループホームをはじめて10年ほどは、他の事業所とのつながりを積極的にもとうとはしませんでした。ある意味で尖がった存在でした。小規模多機能型居宅介護事業者連絡会やグループホーム連絡会に参加する資格はありましたが、参加すれば「朱に交われば」となるだろうと思い、参加しませんでした。しかし、ある時、行政の職員さんが「ちょっと爆弾落としに来てよ。言いたいこと言っていいから」と言われて、それから参加するようになりました。

　そして、2011年3月11日、311・東日本大震災が起こりました。

　災害は、嫌でも変化を起こされるため、つながりをつくる大きなきっかけにもなります。「何がいけなかったのか」「これがまずいんだ」「なんでこんなに人が死ぬんだ」「何でこんなに辛いんだ」と、特に若い人たちが動き始めました。

　看護師の方に「看護師を移送するために車の運転をお願いしたい」と頼まれて被災地に入りました。水没した中学校の3階で寝泊まりをしてのボランティア活動です。まるで映画のセットみたいにあちこちに車が横たわっていました。360度リアルな被災現場で活動しましたが、その状況ではボランティア同士

でもあんまり喋ることはありませんでした。みんな一杯一杯の極限状態で活動を行い、活動後の帰りの車の中でようやく少し気持ちが緩んで話ができるくらいでした。

　そんなわけで同じ藤沢市で小規模多機能型居宅介護事業所を運営する菅原健介さんとも一緒にボランティア活動を行いましたが、ほとんど喋ることもありませんでした。ところが半年ぐらい経って菅原さんから、「一緒に飲みましょうよ」と誘われました。その時に集まったメンバーがとても面白くて、それまで接点がなかった作業療法士（OT）や理学療法士（PT）もいて、そのメンバーを中心に結成したのが、"絆の会"※4なのです。

●異業種の仲間と出会おう

　"絆の会"を、稲村ケ崎の海の家を借りて行った時のことです。昼間は子どもたちとビーチクリーンをやって、夜は飲み会となります。飲み会では1人ずつプレゼンをすることになり、それまで人前で話すことがなかった僕ですが、「僕はこんなことやっています」と普通に発表したら、みんなすごく真剣に耳を傾けてくれました。特にOTやPTが反応してくれたのです。そして、その後の1か月で100人程、"あおいけあ"に見学に来てくれました。

　"あおいけあ"に来ると誰もが、「職員を募集していないんですか？」と尋ねます。リハ室では、プラスチックの包丁を使ったり、鍬の代わりに棒を使ってリハビリテーションを行っていますが、"あおいけあ"では、本物の包丁を使っていたり、鎌も当たり前に使っています。だから、ここで研究して発表した方が断然有意義だし、ここで働けないかと多くの人から請われました。

マスコミの取材も来るようになって、僕たちが普通にやっていることを見て、「何でこれができるんですか」と問われます。答えるためには、概念として名前を付けて論理的に説明しなければならなくなります。恥ずかしいのですが、「こうこうこうだから、銀シャリを毎日食べられるのです」みたいに、普通に当たり前だと思っていることを説明しなくてはいけないわけです。そういう経験を幾度となく重ねました。

　昔から外に何かを発信したいとも思わなかったし、テレビや映画も見ないし。学校で講義するなんて勘弁してくださいという感じでした。それが初めて人前で話したのが慶応大学の授業なのです。教壇に立った時の怖さ、人前で喋ることの怖さ、何よりも学生さんは反応が正直だから怖いです。そんな風に自然に拡がって、あちこちから声が掛かったり、取材が来るようになりました。

●つながりから人を育てよう

　僕自身、人の話を聞きに行ってつまらなかったら、2時間無駄にしたと思ってしまいます。

　楽器をやっていることもあって、人前で演奏する時に、「頑張ってます」では済まされないことがわかっています。相手の時間を貰うということの責任があるのです。恩師からも「ステージに乗っているやつが恥ずかしがっていると見る方が恥ずかしいから、堂々と大きくやれ。後ろを向いたりするとみっともない」と教えられてきました。出る直前までは、「帰りたい。帰りたい」と思っていても、出ちゃったら相手の時間を貰っていると思うから伝えることに集中することができるのです。

　でも一番のメリットは、色んな場所に行くことで色んな人と

つながれることです。絶対に僕の話を聞いてくれないような人が聞いてくれたりするのです。国立社会保障・人口問題研究所の西村周三先生も僕の話を聞いてくれて、「すごいね」と言ってくれました。studio-L代表の山崎亮さんも興味をもって聞いてくれたから、僕は"あおいけあ"の職員にフィードバックできるのです。悠翔会の佐々木淳さんとつながることができたから、職員にも色んな話をしてくれる、結果、"あおいけあ"の職員のレベルを上げることができるわけです。

※4　絆の会
菅原健介氏、磯野享史氏、加藤忠相氏らが中心となり、2012年に18人のメンバーではじまった会。法人格も事務所も代表も置かない本会は、フェイスブックでつながっている。月1回行われる会合（飲み会）には、医療や介護をはじめさまざまな職種の人たちが参加する。現在では、1,000人を超える。

Re: CAREが必要な理由がわかりますか?

●高齢者の生活を知ろう

　毎日、機械をつくる仕事であれば、問題はないのです。不良品が出ないように、一生懸命つくればよい。しかし、多くの介護職が、機械をつくる工場で働くように介護現場で働いていることが問題なのです。

　9時につつがなく出勤して、10時に来た高齢者のために決まった時間にお茶と食事をつつがなく出して、夕方にはつつがなく帰ってもらい、自分がつつがなく帰宅するというのが多くの介護職の仕事になっています。

　本来のケアを行うためには、高齢者の面倒を見ようとしないことです。つまりサービスプロバイダーにならないことが一番重要です。高齢者がちゃんと生活できるように支援することに集中すればよいのです。そのために、その高齢者のことを知って、その高齢者の生活を知ることは欠かせません。

　このままサービスプロバイダーに徹する介護事業者や施設があるとすれば、これからは人材が集まらなくて潰れていくと思います。一方で介護職は、今の仕事が嫌だと思っているのなら辞めればよいと思います。情報を取ってよい事業者や施設を探して辞めればよいのです。現状、介護職が文句を言いながらも辞めずに肩入れしてしまっているから、潰れないだけなのです。潰れて初めて、「これじゃダメなんだ」と経営者は気づくのです。

　勿論、「辞める」と言っても、「後3か月いてくれ!」とか「6か月いてくれ」と請われるでしょう。しかし、「労働者の権利

ですから1か月で辞めます」と、それでよいのだと思います。

「あなたのせいで、ばあちゃんが死んでしまう」と言われるかも知れません。しかし、そもそも人員基準を満たしていないからそうしたことになるのです。逆に言えば、職員さんたちが働きたいと思える事業所をつくらなければならないのです。

"あおいけあ"も試行錯誤しています。スタッフさんも、勿論、合う合わないがあるし、それぞれが勝手に再定義していると思います。

●ケアの再定義をしよう

ちゃんとやるべきことをやらないといけないのに、いつまでも60年前の老人福祉法に則ってやっているから駄目なのです。本来、Re: CAREというのは、介護保険制度が施行された2000年に終わっていることなのです。施行時に多くの事業者が、それまでの社会福祉法人のやり方を見て、それがケアだと思ってそのまま入ってきたからいけないのです。ちゃんと介護保険制度を見ないで事業を進めてきた、その付けなのでしょうね。

結局のところ、国に対して現状の危うさをアピールし続けることも必要かも知れません。「このままでは人も来なくなって大変なことになりますよ！」「こういう施策を打たないと無理でしょう！」「何時までこの現状を許すのですか！」と。

介護事業者も施設も素晴らしいところは本当にちゃんとやっています。一方で何にも考えない事業者や施設も一杯あります。「我々は社会的によいことをやっているんだ」と言って、勉強会に出て来ないトップが沢山います。国が定める管理者研修や理事長研修を毎年何回か受講し、今なすべきことを国からしっかりと叩き込まれていない法人は、その免許を取り消すという

ぐらいの施策をやるべきです。

　仮に社会福祉法人であっても、サービスプロバイダーから転換できない法人は、全部潰すぐらいの勢いでないと、「Re: CAREは」実現しないのかも知れませんね。

第4章

介護の未来にかける希望と夢
むすびにかえて

高瀬 比左子

●未来を見て動きませんか？

　「未来をつくるkaigoカフェ」をはじめる前は、ケアマネジャーになったものの未来が見えず、勤めていた事業所には助言してくれる人も情報もなかったので、自分で探し、見たい未来を見に行くしかないと思いました。

　今になって思うと、ないないづくしの環境は自分らしいアクションを起こすにはもってこいでした。自分で勉強をするしかなかったから自主的に学び、さまざまな資源とつながれたと言えるのですが、当時はとてもそんな風には思えず、手探り状態、手当たり次第に学びながら不安でした。

　介護の一現場の人間としては結局、何も解決できない、もっと貢献できる自分になりたいという思いだけが先走り、迷走していた面もありましたが、とにかくそのような思いから事業所の外に出た結果、絶妙なタイミングで天啓のようなサジェスチョンがありました。

　「やりたいことがあったら宣言したほうがいい、応援してくれる人も出てくるし、やらなきゃならなくなるから」と言われたのです。そこで問題意識をSNSで発信するようになり、対話の場としてカフェが誕生しました。

　こうした経緯は前著にも書きましたが、繰り返し記すのは、今モヤモヤしたり、行き詰まりを感じている人に、まず動いてみれば出会いがあり、なんとかなることを感じていただきたいからです　寄り道や回り道になったとしても貴重な実体験が増えるわけですから、よいではありませんか。

　本を読み、思考を深めている時間なども必要ですが、それだけでは自分の頭のなかで煮詰まっていきます。自分にとって思

いがけない寄り道や回り道をすることが、後になって振り返れば近道だったかも、ということもあると私は思います。

　カフェは８年を経て活動を全国に拡げ、約１万人を動員しました。介護に携わる人に限らず、さまざまな業種・職種の人たちが参加してくれ、仕事に役立つ情報や気づきを持ち帰り、１歩踏み出すきっかけになったという人が増えていきました。今のスタイルで続けてきて本当に良かったと思っています。

　「未来をつくるkaigoカフェ」の特長はしがらみがなく、硬直化していない組織だということ。そのため気楽に参加しやすいという評価をいただいていて、それは私自身がもっとも大切に考え、工夫してきたことなので素直にうれしく思います。

　そこまでの貢献はできた。そうは思うけれど、仲間の背中をもうひと押しできるようなスキルを私自身も学びたい！　いつしか次の展開を望む気持ちが芽生えてきました。

●困難を乗り越えよう

　「未来をつくるkaigoカフェ」のスピンオフ企画としてはじめた「kaigoカフェファシリテーター講座」は、2016年４月から東京でスタートし、2018年の夏から15都市を周り、全国に仲間が増えました。

　その後2019年の夏には、35都市の仲間とzoomを活用したオンラインカフェを開催し、各地域の前向きな思いをもった仲間とつながることができました。ICTが発展した今、全国の仲間と同時に思いを共有できることに感動しています。時代が「未来をつくるkaigoカフェ」の発展を後押ししてくれている。参加者の顔が並ぶモニターを感慨深く眺めました。

　それぞれが自宅や職場、仲間との集まりの場から参加し、移

動時間も交通費も不要です。これで「未来をつくるkaigoカフェ」はより自由に、アクセスしやすい場所になったでしょう。勿論、これまで通りのカフェも続けますが、オンラインカフェも定期開催していきます。

奇しくも新型コロナウイルスの感染拡大で社会的にもミーティングやイベントのオンライン化が一気に進みました。

オンライン会議を運営するスキルは、仕事でも不可欠になったのです。そもそもオンラインカフェを開催したのは、みんなでオンライン介護に慣れ、スキルアップにつなげたいという意図がありましたから、図らずもよいタイミングでした。

そこで「オンラインでのファシリテーター養成」もはじめています。

「はじめに」でも述べたように、コロナ禍で浮き彫りになった介護の課題の解消を急ぐため、ともに取り組む仲間を増やしたいからです。

これまで以上に、地域を元気にする目的を発信し、魅力的な提案をして人を巻き込むことができる人が求められています。地域づくりに関わる共通点のある人たち（それはいわゆる産官学いずれの立場にいる人たちすべて、と言えますが）とつながっていく必要や、人と人が出会う場をつくる意味が増しているので、コーディネートのセンスや力を磨いてほしいと思っています。

また一方で、「地域密着型の介護の学校」もオンライン開催しています。

コロナ禍の介護はできることが制限され、利用者のQOLを上げる資源が使えず、仕事に対するやりがいを見失っている人

が増えているのではないかと感じます。

　今はより一層、クリエイティブでないと利用者に豊かさを感じてもらえないし、自分自身もバーンアウトしてしまう。気づいていても、感染症予防のため私的な人との交流などを控えていると相談の機会も乏しい。そのようにしてストレスを溜め、孤立を深めていないか、とても心配になったのです。

　しかし、オンラインのイベントなら参加しやすいですよね。対話では、コロナ禍のみんなの悩みが共通だとわかるだけでも心がいくらか軽くなるかもしれません。限られた資源を最大限に活かすヒントを得ることもできる。そんな場を提供したいと思ったのです。

　地域密着と銘打ったのは、この機会に「地域って何だろう？」と新たな問いを立てて、自分が働いていたり、住んでいたりする地域を知ろうとする「原点」に立ち戻り、視野を広げていただきたいからです。

　そのために地域で創造的に、楽しく働いている実践者の言葉から「地域に根ざして働く魅力」を感じ取ってもらえるように工夫しています。今、行き詰っている感覚をもっている介護職には地域で働くこと、起業することを選択肢のひとつとして見直してもらいたいと思っています。奉仕ではなく、仕事の場として「地域」を見直す。案外、どうしようもない非常時には普段はできないことにチャレンジするのがよいのです。

　身近な例では地域で働く看護師の存在が取り上げられ、地域に出ることを目標にする看護師が増えていることなども参考になります。介護はそのような発信がまだまだ不足していますよね。それは、これまで介護とは無縁の若者の、職業の選択肢に「介護」が加わるためにも必要な発信です。

新型コロナウイルス感染拡大の影響は甚大で、ショックが大きい。それは日本中、いえ世界中が同じで私自身も他人事ではないのですが、そんな今だからこそ価値を転換し、新しい価値を見出すチャンスにすることもできると思っています。何があろうと、今を生きるしかないのですから前を向いていきたいですよね。

　コロナ禍で小中高が一斉休校になったなか、2014年から学校への出前授業を続けてきた経験を活かして、オンラインで子どもたちが介護福祉の専門職から、視野を拡げて学べる環境づくりに挑戦しました。

　以前から子どもへの福祉教育の定着をどのようにすればできるか、考え、温め続けてきたことだったので、このような不測の事態をきっかけにアクションに移せたことは、まさにピンチをチャンスにするチャレンジだったと思います。

　この本を手にとってくださったお一人、お一人も、ご自身の体験から「コロナもチャンスになり得る」ことを実感していただきたいと思っています。

＊＊＊

　新型コロナウイルスは、人類の存続を脅かしたことは事実ですが、命や人とのつながりに改めて真剣に向き合う機会を与えてくれたと言えるかも知れません。これから先、日本や世界の社会や経済にどのような影響があるかまたわかりませんが、この危機を乗り越えた先に、さまざまなコミュニティの結束は強まっているのではないかと感じます。

　私自身は、仲間に支えられ、夢や理想をあきらめないで前に

進んで行きたい。これまでの感謝の思いを、未来を担う介護職に返していきたいと考えています。

　本書の中には厳しく感じる言葉もあるかもしれませんが、それはきっと読者の方ご自身が未来の自分、未来の介護をつかむために求めていた一文で、何らかの糧となる発見となり、役立てていただけると信じています。

　まず何か具体的な変化につなげて、自分の心に正直に行動し、生きることで、よい変化の連鎖を起こしていただけることを願っています。

●著者紹介

高瀬 比左子
たかせ・ひさこ

NPO法人未来をつくるKaigoカフェ代表。
一般企業を経て、訪問介護事業所の立ち上げなどを経験。介護施設で勤務しながら、2012年
から「未来をつくるKaigoカフェ」の活動を開始。著書に『介護を変える未来をつくる カフェ
を通して見つめるこれからの私たちの姿』(日本医療企画刊)。

佐々木 淳
ささき・じゅん

医療法人社団悠翔会理事長。医師。
1998年、筑波大学医学専門学群卒業。2000年、三井記念病院消化器内科入局。08年、医療法
人社団悠翔会開設、理事長就任。著書に『これからの医療と介護のカタチ〜超高齢社会を明る
い未来にする10の提言』(日本医療企画刊)。

加藤 忠相
かとう・ただすけ

株式会社あおいけあ代表取締役。
大学卒業後3年間特別養護老人ホームに勤務するが、従来型介護に限界を感じ、3年で退職。
2000年、株式会社あおいけあを設立。07年、小規模多機能型居宅介護おたがいさんを開業。
著書に『あおいけあ流 介護の世界』(南日本ヘルスリサーチラボ刊)。

●取材・執筆協力

下平貴子
［はじめに／第1章／第4章］

品川 健
［第2章］

三輪 泉
［第3章］

●写真提供

近藤浩紀／高橋郁雄／女鹿祥弘

●装幀

櫻井ミチ

●本文デザイン

高田康稔（株式会社ensoku）

●本文DTP

株式会社明昌堂

Re: CARE
ポストコロナ時代の新たなケアのカタチ

2020年11月16日　初版第1刷発行

著　者	高瀬比左子　佐々木淳　加藤忠相
発行者	林　諄
発行所	株式会社日本医療企画
	〒104-0032　東京都中央区八丁堀3-20-5
	S-GATE八丁堀
	TEL 03-3553-2861（代表）
印刷所	図書印刷株式会社